1964
A Revolução para Inglês Ver

Relatórios secretos, documentos confidenciais e mensagens urgentes sobre o golpe militar e o Brasil de 64, seus políticos e governantes, feitos por diplomatas ingleses para o Governo Britânico

Geraldo Cantarino

MAUAD

Direitos desta edição reservados à
MAUAD Consultoria e Planejamento Editorial Ltda
Av Treze de Maio, 13, Grupo 507 a 509 - Centro
CEP 20031-000 — Rio de Janeiro — RJ
Tel.: (021) 533.7422 Fax: (021) 220.4451
E-mail: mauad@uninet.com.br

Geraldo Cantarino recebeu, também, permissão para disponibilizar na íntegra e em sua forma original, na Internet, todos os documentos citados neste livro. Endereço da *home page:* http://www.revolucao64.com.br

CIP-BRASIL CATALOGAÇÃO-NA-FONTE
SINDICATO NACIONAL DOS EDITORES DE LIVROS, RJ

C23m

Cantarino, Geraldo, 1964-
1964, a revolução para inglês ver / Geraldo Cantarino. — Rio de Janeiro: Mauad, 1999

Inclui anexos e bibliografia
ISBN 85-85756-86-1

1.Brasil – História – Revolução, 1964 – Fontes ingleses. 2. Brasil – Política e governo – 1964 — Fontes ingleses. I. Título.

99-0090.

CDD 981.062
CDU 981
006599

"A história é um pesadelo
do qual estamos tentando acordar!"

James Joyce (1882-1941)

Para
Lygia,
minha mãe,
que me ensinou
o princípio,
o meio e
o fim

AGRADECIMENTOS

Este livro não seria possível...

sem o pontapé inicial do meu tio Mário Ribeiro Cantarino Filho,
que me deu o caminho das pedras (e do Metrô) até o
Public Record Office, no subúrbio de Londres

sem
o incentivo permanente,
o apoio insubstituível
e a revisão implacável do meu pai,
Antônio Rodrigues da Costa,
um verdadeiro co-autor durante toda a jornada

sem
o olhar crítico da minha irmã,
Noélia Cantarino da Costa,
sempre à procura dos meus tropeços
com a língua portuguesa

sem
a ajuda dos meus amigos,
como Márcia Sanches,
que colocou a Mauad Editora
no meu caminho

sem
o carinho, a força e o amor de Caitriona Kavanagh,
esposa, amiga e companheira,
que esteve sempre ao meu lado,
tirando dúvidas do idioma inglês
e insistindo que eu escrevesse até o fim,
principalmente quando o desafio parecia sem-fim

Sumário

31 DE MARÇO DE 1964 – 11H50

"Os rumores são muitos e, sem dúvida,
há muita atividade em curso nos bastidores.
Na aparência, a situação é calma".

1º DE ABRIL DE 1964 - 11h20

"A situação é tensa.
Estão chegando informações,
ainda não confirmadas,
da movimentação de tropas
próximo ao Rio de Janeiro".

Mensagens enviadas do Rio de Janeiro para o Foreign Office
(Ministério das Relações Exteriores), em Londres,
pelo Embaixador da Grã-Bretanha no Brasil, Sir Leslie Fry.

Introdução

"Eu estou certo de que a maioria dos brasileiros está aliviada
com o desaparecimento do Sr. Goulart e de seu séquito,
composto apenas de extremistas e oportunistas.
O país, de uma maneira geral,
estava cansado de sua administração
vacilante e cada vez mais preocupado
com sua propensão indigna
a demonstrações de esquerda."

Sir Leslie Fry, embaixador britânico no Brasil
Rio de Janeiro, 6 de abril de 1964

"É um alívio estar livre de Goulart,
mas se o novo pessoal se voltar muito
para a direita talvez seja uma prova de que o
Brasil tenha apenas trocado a frigideira pelo fogo.
O entusiasmo americano parece ter esfriado um pouco,
mas não é difícil de imaginar que
os Estados Unidos darão um sólido apoio
ao novo governo".

Mr K. Slater, Foreign Office
Londres, 8 de maio de 1964

1964 sempre foi um ano enigmático na minha memória. Cresci ouvindo histórias de um tal golpe militar que mudou o rumo do país e de vidas muito próximas de todos nós. Nasci em outubro daquele ano e na virada de março para abril, quando os militares assumiram a cena, eu ainda estava mergulhado em líquido amniótico. A agitação de tropas e tanques por pouco não provocou turbulências no meu pequeno mundo em formação. Sou, portanto, como dizem por aí, mais um "filho da revolução", talvez o mais correto fosse "filho do golpe".

Os anos se passaram, precisamente 35, e acabei tendo a oportunidade e o interesse de rever esse momento da história recente do país. Da versão oficial, sempre soube muito pouco nos bancos escolares. Dos relatos da família, vinham flashes e cenas isoladas. O irmão mais velho do meu pai, João Baptista da Costa, era o vice-governador do antigo Estado do Rio de Janeiro e estava pronto para assumir o cargo por força do afastamento do governador, Badger da Silveira, pelos militares. Na hora "h", um emissário das autoridades militares, sem explicar os motivos, disse que o vice estava **impedido** de assumir o cargo. A situação, atípica do ponto de vista legal, só terminou com a eleição, pelos deputados estaduais, do marechal Paulo Francisco Torres, então chefe do Estado-Maior do I Exército.

Essa passagem, que cresci ouvindo em pedaços, foi remontada agora com a ajuda de meu pai, Antônio Rodrigues da Costa, que na época era o redator-chefe do Grande Jornal Fluminense - considerado o mais amplo serviço informativo do Estado, veiculado pela Rádio Jornal do Brasil e diversas emissoras cariocas. Mas a história do golpe de 64 deixou muitas outras lacunas, dúvidas e parêntesis na minha cabeça. Estava faltando uma costura final que ligasse aqui e ali. Uma visão diferente que me desse uma outra versão dos fatos e fornecesse uma imagem mais geral, como uma fotografia de satélite. E foi mais ou menos isso que, meio sem querer, aconteceu.

O livro "Nitroglicerina Pura", dos jornalistas Geneton Moraes Neto e Joel Silveira (Editora Record, 1992), sobre políticos brasileiros, escrito com base em documentos arquivados em Londres e Washington, inspirou o meu tio Mário Ribeiro Cantarino Filho a me encomendar uma pesquisa sobre comunistas nas décadas de 30 e 40. Estava a caminho da Inglaterra para fazer um curso de mestrado em Documentário para Televisão, na Universidade de Londres, e coloquei o livro e o pedido na bagagem. Meses depois, lá estava eu nos amplos salões de pesquisa do Public Record Office, em Kew Gardens, nos arredores de Londres. Criado por um ato do Parlamento em 1838, o Public Record Office é um arquivo público responsável pela guarda de monumental quantidade de documentos secretos ou confidenciais produzidos pelo governo britânico.

Foi fuxicando daqui e remexendo dali que acabei deixando a encomenda sobre os comunistas de lado e batendo o olho nos arquivos do chamado Golpe de 1964. São documentos e relatórios, escritos por diplomatas britânicos no Brasil e em outros países, enviados ao Foreign Office, o Ministério das Relações Exteriores da Grã-Bretanha, em Londres. Essa papelada, como acontece em diversos países, costuma ficar guardada a sete chaves durante o tempo em que os governos julguem conveniente aos seus interesses diplomáticos e de segurança interna e internacional. Os documentos sobre o Brasil de 64 foram franqueados ao público em 1996, 32 anos depois da ação dos militares.

Eles impressionam pela riqueza de detalhes e expressões utilizadas pelos diplomatas quando escreviam para seus superiores. É a história do Brasil contada à distância, de inglês para inglês ver - e diplomatas costumam ser verdadeiros quando se reportam aos seus chanceleres. Mexer nesse baú de histórias é uma oportunidade rara. Ler e poder manusear documentos originais é emocionante, particularmente quando se está longe de casa e se escritos por estrangeiros. Encontrar a palavra Brasil no índice de toneladas de documentos desperta curiosidade e surpreende, não só pelo conteúdo político-revolucionário, mas, também, pela variedade de assuntos, como, por exemplo, os bastidores da eleição para o governo do Piauí, em 1965... Era o "Olho de Londres", similarmente ao de Moscou, que tudo via e tudo queria saber.

O embaixador britânico no Rio de Janeiro, Sir Leslie Fry, enviou sucessivas mensagens sobre a movimentação dos militares no Brasil, fez contatos com autoridades, cavou suas fontes e produziu diversos relatórios secretos ou confidenciais sobre a situação brasileira. A arte da diplomacia, com seus instrumentos sutis, abria portas, obtinha confidências e produzia circunstâncias que eram cambiadas em informes para a "matriz", em Londres. Os documentos chamam a atenção pela abrangência de assuntos, profundidade na abordagem e minúcias da vida social, política, econômica, militar e partidária. Exemplo desse tipo de informação diplomática é o capítulo intitulado "Subversão à brasileira", que contém a íntegra de um relatório sobre o comunismo no Brasil. O embaixador britânico, um mês antes do golpe de 1964, se esmera em explicar, para o governo da Grã-Bretanha, as peculiaridades do movimento comunista no Brasil, como o seu fracionamento em Partido Comunista Brasileiro, Partido Comunista do Brasil e dezenas de Ligas Camponesas (o equivalente, hoje, ao MST - Movimento dos Sem-Terra). O relatório, rico em informações sobre os personagens e suas posições ideológicas, oferece uma impressionante radiografia da ação comunista brasileira.

O que temos em mãos, portanto, reflete a visão de quem foi, de alguma maneira, testemunha ocular da história ou esteve muito próximo dos acontecimentos. Esses relatos, não só do embaixador britânico, mas de outros diplomatas no Brasil e em outros países, geraram quilos e quilos de papel que foram arquivados em centenas de pastas, das quais selecionei 73. Tive o cuidado de pesquisar todos os documentos datados de 1964. Desse total, pincei parte do material e requeri sua cópia, que só pode ser feita no próprio Public Record Office. Organizei os documentos por assunto e os traduzi, preservando a verdade histórica e o estilo dos seus autores, com as óbvias adaptações à nossa língua, apenas me permitindo completar alguns nomes de pessoas e de lugares, habitualmente reduzidos em mensagem diplomática.

O cuidado de não interferir fez com que eu me distanciasse como redator, para que o texto original falasse por si mesmo, com toda a sua força documental. Exemplo disso é o capítulo "Arquivos do Golpe", em que preservo a íntegra de relatórios sobre o movimento de 64. Para não se perder ou diminuir o calor dos acontecimentos narrados pelos diplomatas, mantive até mesmo a sua redação como que de correspondente de guerra, com os cabeçalhos indicando dia, hora, local, urgência e confidencialidade da mensagem.

Para quem quiser conferir esse registro da nossa história no Public Record Office, basta levar os códigos numéricos que aparecem daqui para a frente nas notas de rodapé, sempre iniciados por FO, abreviação de Foreign Office. Fiz questão de indicar a fonte de cada informe, mensagem, comunicado e relatório que constituem este livro, cujas cópias oficiais encontram-se em meu poder. Alguns documentos do acervo do Public Record Office — do mundo todo — podem ser consultados no Census Rooms, na Chancery Lane, no centro de Londres, mas todos os textos aqui mencionados estão arquivados no prédio de Kew Gardens. O endereço de lá é o seguinte:

Public Record Office
Ruskin Avenue
Kew, Richmond
Surrey, TW9 4DU
England
Telefone: (0044 - 181) 876-3444
Fax: (0044 - 181) 878-8905

Este livro, portanto, é um convite para se conhecer, por um outro ângulo, alguns fatos que marcaram os bastidores de tão dramático momento da vida brasileira. As mensagens dos diplomatas, aqui traduzidas, trazem o passo a passo de acontecimentos muitas vezes desconhecidos por alguns dos seus personagens e pela maioria dos contemporâneos. Os registros eram poucos ou limitados pela censura e o que foi noticiado se perdeu nos arquivos do tempo. Tanto quanto possível, está tudo aqui como guia para uma viagem de volta ao ano de 1964.

Feliz Ano Novo?

A previsão para o ano novo era bem menos colorida do que a do presidente Goulart e 1964 começava mal para os brasileiros. A situação econômica era extremamente frágil e o panorama político confuso, instável e, de uma certa maneira, explosivo.

Condensado de relatórios
de diplomatas britânicos
1963/1964

Fim de 1963. Uma retrospectiva daquele ano mostra que os Beatles embalam a jovem guarda com sucessos como "She loves you" e "I want hold your hand". Nas telas do cinema, Elizabeth Taylor e Richard Burton estrelam em "Cleópatra", uma superprodução de 12 milhões de dólares e quatro "Oscars". O mundo ganha a vacina contra o sarampo e experimenta os efeitos das drogas psicodélicas.

Na África, líderes de diversos países lutam para acabar com o colonialismo no continente. Na Europa, o assunto é a Comunidade Econômica Européia, que encontra resistência na Grã-Bretanha. Um golpe militar no Vietnã abre as portas para a guerra com os americanos.

Nos Estados Unidos, o líder negro Martin Luther King fala de direitos humanos para 200 mil pessoas, em Washington, e a Casa Branca inaugura o "telefone vermelho", uma linha direta com o Kremlin, em Moscou. A União Soviética discute ideologia com a China e os americanos assinam acordo sobre mísseis com os britânicos. Nas ruas de Londres, ingleses protestam em campanhas pelo desarmamento nuclear. A guerra é fria.

O papa João XXIII publica a encíclica "Pacem in Terris"[1], fazendo um apelo de paz para as relações entre não-católicos e comunistas, e morre pouco tempo depois, sendo sucedido pelo papa Paulo VI. Vinte e dois de novembro de 1963: o presidente americano John Kennedy é assassinado em Dallas, no Texas. Lyndon Johnson assume a presidência dos Estados Unidos.

No Brasil, o presidente João Goulart[2] encerrou o ano com um longo pronunciamento à nação. Jango, como era co-

---

[1] "Paz sobre a Terra". Primeiras palavras da encíclica do papa João XXIII, de 11 de abril de 1963, sobre "a paz para todos os povos na verdade, na justiça, na caridade e na liberdade".

[2] João Belchior Marques Goulart (1919-1976) ingressou na política em 1947, quando foi eleito deputado estadual pelo Partido Trabalhista Brasileiro - PTB, do Rio Grande do Sul. Presidente do diretório e da comissão executiva do PTB / RS

nhecido, fez um balanço da atuação do governo em 1963, destacando o monopólio para a importação do petróleo e os esforços para o desenvolvimento do Nordeste[3]. Para o presidente, apesar do recente crescimento da economia do país, a maioria da população na área rural continuava, como ele disse, *"às margens do progresso"*.

Reformas nas estruturas social e administrativa eram consideradas essenciais para que melhorias fossem alcançadas. Sem citar nomes ou instituições, João Goulart fez referências aos constantes obstáculos que encontrava a cada tentativa de iniciar essas reformas e depositava esperança no ano novo de que pudesse implementá-las.

Com relação à economia e aos assuntos financeiros, o presidente afirmou que a nacionalização dos serviços públicos era fundamental para o Brasil. Um controle rigoroso da remessa de lucro para o exterior era, igualmente, essencial

---

(1950-1952), foi em sua estância que Getúlio Vargas, durante as comemorações de seu aniversário, em 19 de abril de 1950, lançou-se candidato à presidência da República. Elegeu-se deputado federal pelo PTB / RS em 1950, mas assumiu a Secretaria do Interior e Justiça do novo governo gaúcho, chefiado por Ernesto Dornelles, primo do presidente Vargas. Ocupou a presidência nacional do PTB em 1952, quando assumiu sua cadeira na Câmara dos Deputados. Árbitro de conflitos trabalhistas, controlando os principais cargos de chefia dos institutos de previdência social, foi nomeado para o Ministério do Trabalho, na reforma ministerial promovida por Vargas em junho de 1953. Sua indicação foi malvista pelos militares e pelos deputados udenistas, e, depois de uma intensa campanha contra sua proposta de dobrar o salário mínimo, foi exonerado do ministério, em 22 de fevereiro de 1954. Apesar de derrotado nas eleições de outubro de 1954 para o Senado, no ano seguinte foi eleito vice-presidente da República na chapa do PSD - PTB, encabeçada por Juscelino Kubitschek (1956-1960). Nas eleições de outubro de 1960, mais uma vez foi eleito vice-presidente, embora seu companheiro de chapa, o general Henrique Dufles Teixeira Lott, tenha sido derrotado pelo candidato apoiado pela UDN, Jânio Quadros. Com a renúncia de Jânio Quadros a 25 de agosto de 1961, chegou à presidência da República, nela permanecendo até o golpe de 31 de março de 1964. Exilado no Uruguai, em 1966 chegou a participar da formação da Frente Ampla, juntamente com Juscelino e Lacerda, com o objetivo de restaurar o regime democrático no país. Morreu em 6 de dezembro de 1976, na Argentina, tendo sido sepultado em São Borja, sua cidade natal, na presença de 30 mil. (Fonte: "Salão dos Passos Perdidos - Depoimento ao CPDOC, pág. 358).

[3] FO371/173760 - AB10155/3

para proteger a economia do país, o que, na visão de Jango, não significava atacar o capital estrangeiro interessado em participar do crescimento do país.

Quanto às obrigações para o pagamento da dívida externa nos próximos dois anos — considerando a possibilidade de um refinanciamento e o saldo obtido com as exportações — a previsão era de que o país enfrentaria um déficit de 350 milhões de dólares naquele período. No entanto, João Goulart fez questão de lembrar que o presidente americano, Lyndon Johnson, havia afirmado, numa carta de 19 de dezembro, que o governo dos Estados Unidos estava preparado para ajudar o Brasil nas negociações com os credores internacionais. Essas negociações estavam programadas para acontecer logo no início do ano e, além disso, informou Jango, agências financeiras do exterior haviam manifestado a possibilidade de intercederem junto aos credores.

João Goulart terminou o pronunciamento à Nação chamando atenção para as injustiças em questões como propriedade da terra, educação e direitos eleitorais. Enfatizou, também, a urgência de reformas nesses setores, assim como a necessidade de se organizar um sistema nacional de crédito para assegurar que as áreas menos desenvolvidas do país recebessem uma parte justa de recursos para investimentos.

Visão Inglesa do Brasil / 64

O discurso de final de ano do presidente João Goulart foi considerado bastante otimista pelos diplomatas britânicos no Brasil, que acompanhavam bem de perto os acontecimentos nacionais. A diplomacia britânica tinha muita habilidade para acessar informações de diversas fontes. Em contato com a embaixada americana no Rio, por exemplo, o embaixador britânico, Sir Leslie Fry, foi informado de que a mensagem de apoio enviada pelo presidente Lyndon Johnson havia sido, na verdade, solicitada pelo governo brasileiro, que chegou a sugerir a inclusão no texto de palavras de ordem como "reformas"[4]. O governo americano, em princípio, não teria ficado muito entusiasmado com a idéia, mas acabou decidindo que a troca de mensagens "inócuas" não faria mal algum.

A previsão inglesa para o ano novo era bem menos colorida do que a do presidente Goulart e, de acordo com os relatórios britânicos dos primeiros meses, 1964 começava mal para os brasileiros. Na visão deles, a situação econômica era extremamente frágil e o panorama político confuso, instável e, "de uma certa maneira, explosivo". Achavam que as articulações políticas preparavam terreno para as eleições presidenciais de 1965. Um projeto de reforma agrária ameaçava latifundiários com desapropriações de terras e pressionava políticos a colaborar com o programa de reformas do governo.

Especulações apontavam para uma possível mudança radical na composição dos ministérios, com a nomeação de políticos de esquerda — como, por exemplo, do então deputado federal Leonel Brizola, do Partido Trabalhista Brasileiro - PTB, cunhado do presidente João Goulart — para o Ministério da Fazenda.

O país vivia momentos de efervescência de algumas idéias socialistas. Previsões indicavam que a tendência para a esquerda provocaria uma reação dos Estados Unidos, que poderiam recuar da intenção de ajudar o Brasil nas negociações da dívida externa com os credores internacionais. Além disso, o presidente americano, Lyndon Johnson, dava sinais de que sua linha de ação para a América Latina seria muito mais rigorosa do que a do seu antecessor, presidente John Kennedy.

---

4 FO371/174279 - AV103106/3

Rumores na imprensa alimentavam a idéia de que um golpe de estado estaria a caminho, vindo tanto da direita quanto da esquerda ou, até mesmo, do próprio presidente.[5]

"Brasil Falido"

Um relatório da embaixada britânica dizia que a economia dava sinais de colapso: "O Brasil está falido" [6]. 1963 tinha sido um péssimo ano para as finanças do país, de acordo com o departamento comercial da embaixada, com a inflação em 80%. A taxa de desenvolvimento do Brasil em 1963, de acordo com informações da revista "Conjuntura Econômica", não havia sido das melhores: apenas 2%, ao contrário dos 3,7%, em 1962, e 5,1%, em 1961. O governo brasileiro, avaliavam os britânicos, iniciava 1964 insistindo em colocar a política interna em primeiro plano, ao invés de implantar uma série de reformas econômicas urgentes.

O custo de vida, com base em índices da Fundação Getúlio Vargas, havia aumentado em 8,3% em fevereiro de

---

[5] Segundo alguns autores, os boatos de golpe não eram novos. "Em carta dirigida, em 20 de janeiro de 1962, a um dos ministros militares do ex-presidente Jânio Quadros, o diretor do jornal 'O Estado de São Paulo', porta-voz notório da União Democrática Nacional - UDN, traçou aquilo que ele próprio chamou 'um roteiro da revolução', e que veio a ser aplicado, com ligeiras variantes, após o golpe de 1964. Propôs a instalação de uma junta militar, incumbida de, com base num 'ato institucional' cujo projeto anexara àquela missiva, outorgar uma constituição ao país, dissolver todas as câmaras legislativas da União, dos Estados e Municípios e expurgar os tribunais. Ficaria impedida a apreciação judicial dos atos do governo provisório e excluído o 'habeas corpus' em relação aos 'crimes contra as instituições, bem assim os crimes contra a organização do trabalho, os meios de comunicação e transporte, a saúde pública e os crimes, funcionais ou não, contra a Administração Pública'. Ou seja, a reedição reforçada do Estado Novo getulista. Esse 'roteiro da revolução' foi publicado no 'O Estado de São Paulo' em sua edição de domingo, dia 30 de março de 1969, e no livro de Júlio de Mesquita Filho intitulado Política e Cultura, SP (Ed. Martins), 1969." BENEVIDES, Maria Victória de Mesquita, A UDN e o Udenismo - ambigüidades do liberalismo brasileiro (1945-1965), Paz e Terra, 1981. *Apud* SILVA, Evandro Lins e. O Salão dos Passos Perdidos - Depoimento ao CPDOC. Rio de Janeiro, Nova Fronteira, 1997.

[6] FO371/173778 - AB1102/8

64. O aumento de janeiro havia sido de 7.7%, e o de fevereiro de 1963 fora de 5,1%.

A dívida externa do Brasil, em março de 64, chegava a U$ 4 bilhões[7]; quase a metade desse total era devida aos Estados Unidos, a outra metade estava dividida entre Alemanha, França, Reino Unido, Itália e Japão. Uma missão do Fundo Monetário Internacional - FMI esteve no Brasil[8], entre 17 de fevereiro e 6 de março, para avaliar a situação econômica do país e constatou uma sensível piora em relação ao ano anterior. De acordo com a embaixada britânica, a missão deixou o país sem conseguir apresentar um plano a longo prazo para tirar o Brasil das enormes dificuldades. O governo brasileiro enfrentava o problema com pouca seriedade, dizia o relatório britânico, e parecia contar apenas com a generosidade dos credores. Durante reunião do Clube de Haia[9], em Paris, em 16 de março de 1964, a situação do Brasil foi considerada grave e parecia caminhar aceleradamente para o caos, chegando a ser comparada com a grande crise inflacionária da Alemanha nos anos 20[10].

Nos primeiros meses de 1964, a moeda brasileira — o cruzeiro — estava despencando diante da americana: Cr$ 1.330,00 para a venda, em 6 de março, e em apenas quinze dias perdeu 30%, chegando a Cr$ 1.740,00 para cada dólar. Essa desvalorização do cruzeiro foi considerada, em parte, pelos britânicos, como uma reação do mercado às últimas movimentações políticas de Jango, juntamente com os seus colaboradores de esquerda. Em relatório de 31 de março de

---

[7] FO371/173781 - 34369 e FO371/173781 -34369

[8] FO371/173778 - AB1102/7

[9] FO371/173781 - 34369

[10] A derrota na I Guerra Mundial deixou a Alemanha com enormes dívidas. Esta situação forçou um novo impulso das indústrias, que se modernizaram tecnicamente, racionalizando o trabalho. A concentração fabril ampliou-se mas, baseada no crédito interno, levou o "Reichsbank", o Banco Central alemão, a uma inflação vertiginosa. Em janeiro de 1922 o marco-ouro era igual a 40 marcos-papel; passou a 85.000 em julho e 100 bilhões em novembro de 1923.

64 (que veio a ser a data oficial da chamada Revolução), João Goulart foi criticado por permitir, cada vez mais, a interferência de organizações trabalhistas de esquerda na política interna do governo. Exemplo: o salário mínimo aumentou mais de 100%, chegando a Cr$ 42.000,00 nas principais capitais, como Rio de Janeiro, São Paulo e Belo Horizonte.

De Olho na Esquerda

A embaixada britânica monitorava com atenção todas as medidas do governo brasileiro que pudessem indicar tendência para a esquerda, o que, na sua avaliação, deixaria o Brasil vulnerável ao comunismo internacional. No âmbito interno, a preocupação dos ingleses era com o nacionalismo extremado. Além da expropriação de terras particulares e de empresas de capital privado, a embaixada registrou a assinatura de um decreto presidencial, em 22 de fevereiro, que estabelecia a obrigatoriedade da venda de livros escolares sem margem de lucro, produção de tecidos e sapatos a preços populares e o controle de preços de medicamentos.

Quanto à política externa, o governo britânico historiava, em freqüentes relatórios, qualquer aproximação do Brasil com países comunistas: (a) negociações com os russos, durante o mês de fevereiro, objetivando aumentar as exportações de café para países do bloco soviético e, em março, sobre a possibilidade de um tratado de cooperação técnica para a construção da usina hidrelétrica nos Saltos de Sete Quedas[11], no Sul do país; (b) visita

[11] O projeto Sete Quedas veio a constituir a Usina Hidrelétrica de Itaipu, uma empresa binacional (Brasil/Paraguai) inaugurada em 5 de novembro de 1982, pelos presidentes João Figueiredo e Alfredo Stroessner. É a maior em operação no mundo e está localizada no Rio Paraná, no trecho da fronteira entre o Brasil e o Paraguai. A Itaipu é resultado de intensas negociações entre os dois países, que ganharam impulso na década de 60. Em 22 de junho de 1966, os ministros das Relações Exteriores do Brasil, Juracy Magalhães, e do Paraguai, Sapena Pastor, assinaram a "Ata do Iguaçu", uma declaração conjunta que manifestava a disposi-

de empresários chineses ao Rio, interessados no intercâmbio de produtos; (c) assinatura, em 27 de fevereiro, de um tratado de cooperação técnica, científica e industrial com a Tchecoslováquia, que abria uma linha de crédito de U$60 milhões para o Brasil; (d) a visita, em 15 de março, de uma delegação da Iugoslávia para iniciar negociações de linhas de crédito entre os dois países.

Além desse conjunto de medidas consideradas de esquerda, informam os relatórios, João Goulart estaria tramando para permanecer no poder. Sob a ótica britânica, tudo isso teria criado uma situação de tensão no país, com reflexos imediatos na economia.

Retrato de Jango

Não podia ser pior a imagem de Jango na visão de alguns analistas da vida brasileira, como Lorde Dundee, que atuava como consultor do governo britânico. Para ele, o presidente João Goulart teria, deliberadamente, tentado piorar a situação econômica com uma administração "desastrosa", criando, assim, uma situação de fato capaz de justificar a suspensão do estado de direito, garantido pela constituição, e impor uma ditadura [12]. Mr. Dundee retratou o presidente Goulart da seguinte maneira: *"milionário de esquerda, de ambição ilimita-*

ção de estudar o aproveitamento dos recursos hidráulicos pertencentes em condomínio aos dois países, no trecho do Rio Paraná "desde e inclusive o Salto de Sete Quedas até a foz do Rio Iguaçu". (Fonte: Internet - http://www.itaipu.gov.br). Para o senador Darcy Ribeiro, a construção da Hidrelétrica de Itaipu e da rodovia Transamazônica — "dois feitos, de inspiração militar, proclamados pela ditadura como suas façanhas maiores" — foram escandalosos engodos publicitários. "Itaipu — contratada por idiotas razões geopolíticas, como empresa binacional com o Paraguai, mas totalmente paga pelos brasileiros — substituiu um projeto cuidadosamente planejado, que edificaria aquela hidrelétrica em território exclusivamente nacional, a custo muitíssimo menor e sem incidir no crime ecológico de apagar toda a beleza de Sete Quedas." (Fonte: *home page* do Partido Democrata Trabalhista - PDT: http://pdt.org.br/golpe.htm).

[12] Inimigos políticos de Jango diziam que o presidente tramava a implantação de uma República Sindicalista, inspirado no movimento sindical argentino.

da, com pouquíssima habilidade e nenhum princípio moral." E fez a seguinte análise num extenso relatório sobre o Brasil [13]:

"*A indicação de João Goulart à presidência (com a renúncia de Jânio Quadros) recebera, a princípio, oposição do Exército, que sempre atuou como um árbitro na política brasileira em defesa da Constituição, embora jamais tentando estabelecer um regime militar. Mas quando o seu cunhado, Leonel Brizola*[14]*, governador do Rio Grande do Sul, se declarou em seu favor, recebendo o apoio das forças militares sediadas na região, o resto do Exército retirou a sua oposição para evitar uma guerra civil.*"[15]

Para Lorde Dundee não havia dúvida de que a intenção de João Goulart era a de instalar uma ditadura de esquerda, mas, caso isso viesse a acontecer, o presidente seria rapidamente substituído por comunistas de personalidade mais forte e de habilidade superior.

---

[13] FO371/17380

[14] Leonel Brizola, governador do Rio Grande do Sul (1959-1963), com o apoio do general José Machado Lopes, comandante do III Exército, organizou uma campanha pela posse de João Goulart, que enfrentava oposição dos ministros militares, Odílio Denis, da Guerra, Gabriel Grun Moss, da Aeronáutica, e Sílvio Heck, da Marinha. Ocupando militarmente as estações das rádios Gaúcha e Farroupilha, o governador Brizola formou a "cadeia da legalidade", rede de 104 emissoras dos três Estados do Sul, que passou a transmitir os seus discursos em defesa da posse de Goulart.

[15] Com a renúncia do presidente Jânio Quadros, em 25 de agosto de 1961, o cargo deveria ser ocupado pelo vice-presidente, João Goulart, que estava na China, chefiando missão especial. Jango, por ser ligado ao movimento trabalhista e herdeiro político de Getúlio Vargas, teve a sua posse contestada. Os ministros militares de Jânio Quadros pressionaram o Congresso Nacional para que declarasse vaga a presidência e convocasse novas eleições. O Congresso recusou esta medida, mas aprovou uma emenda constitucional instituindo o parlamentarismo, esvaziando o poder do chefe do Executivo (presidente), dividindo-o com o Legislativo (primeiro-ministro). Goulart aceitou com relutância o regime de Gabinete, e os militares, sua posse — que acabou ocorrendo no dia 7 de setembro de 1961, duas semanas após a renúncia de Jânio. O acordo provisório cumpriu a sua missão de resolver a grave crise política. Em janeiro de 1962, um plebiscito determinava a volta ao presidencialismo — com João Goulart na chefia do governo, retomando os poderes constitucionais inerentes ao presidente no regime presidencialista.

O Uivo do Lobo

"Arraes não é um intelectual, mas passa a impressão de inteligência e de extrema perspicácia. Seus olhos são semelhantes aos de um corretor da bolsa de valores. Sua astúcia camponesa, coberta por uma fina camada de falso bom humor, faz lembrar Mr. Khrutchev de dez anos atrás. Resumindo, ele não é o tipo de pessoa que eu gostaria de ver o Reino Unido fazer tentativas para 'prestigiar' neste momento."

John Morgan
Diplomata britânico
30/12/63

O ano de 1964 começou com um clima de golpe no ar. A boataria circulava de boca em boca e na imprensa brasileira. Falava-se da abertura de uma temporada de caça. Quem seria caçador ou caça ninguém sabia ao certo. O anúncio vinha tanto da direita quanto da esquerda, de dentro e de fora do governo. O estado era de alerta geral. Alguma coisa estava para acontecer.

A embaixada britânica, no Rio de Janeiro, sempre muito antenada, passou a mandar para Londres, por dever de ofício, notícias sobre esses boatos, mesmo que o zunzunzum fosse apenas mais um "uivo do lobo" [16]. O objetivo era deixar o governo inglês preparado, caso o "animal", de fato, aparecesse.

Informações de que o "bicho" talvez já estivesse solto começaram a circular em 28 de dezembro de 1963. Relatório da embaixada britânica dizia que o chefe da Casa Civil do governo do Rio Grande do Sul, Plínio Cabral, anunciara ter conhecimento de um plano revolucionário em andamento no Estado. O principal suspeito de liderar o movimento era o deputado Leonel Brizola.

No dia 15 de janeiro, mais uma história veio à tona[17]. Contava-se que Carlos Lacerda[18], governador do Estado da Guanabara, enviou carta ao governador do Estado de São Paulo, Ademar de Barros[19], alertando sobre a iminência de

---

[16] FO371/173760 - AB1015/15

[17] FO371/173760 - 34722

[18] Carlos Frederico Werneck de Lacerda (1914-1977), jornalista e político brasileiro, nasceu em Vassouras, Rio de janeiro, em 30 de abril de 1914, e morreu no Rio de Janeiro, em 21 de maio de 1977. Fundou e dirigiu o jornal Tribuna da Imprensa, de oposição ao governo Getúlio Vargas (1951-1954). Ligado ao Partido Comunista na juventude, adotou posições reformistas e mesmo conservadoras mais tarde. Deputado federal (1955) e líder da oposição ao governo Juscelino Kubitschek (1959), foi um dos expoentes da União Democrática Nacional. Governou o, então, Estado da Guanabara (1960-1965) e apoiou o movimento militar de 1964, rompendo posteriormente. Liderou a "Frente Ampla" (1968), que procurou unir os opositores ao regime militar. Ao ser cassado pelo Ato Institucional nº 5, dedicou-se às atividades editoriais.

um golpe de estado do governo federal no Rio de Janeiro. A carta foi publicada nos jornais, mas não provocou grandes reações, conforme relatório do consulado britânico na capital paulista. Ademar de Barros confirmou o recebimento da mensagem de Lacerda, mas disse que a situação não era grave e que, certamente, tudo seria resolvido em breve com a ajuda de autoridades federais e das Forças Armadas.

Para o diplomata britânico J.R. Cotton, do consulado paulista, Ademar de Barros estava sendo bastante cauteloso em suas palavras, para evitar o fortalecimento político de Carlos Lacerda. Afinal de contas, os dois governadores alimentavam pretensões de serem candidatos nas eleições presidenciais de 1965. Apesar de o governador paulista ter demonstrado publicamente pouco interesse no possível golpe do Rio, a Secretaria de Segurança Pública do Estado de São Paulo colocou a polícia em estado de alerta. O consulado britânico também foi informado de que o comando do II Exército, com base em São Paulo, havia recebido ordens para permanecer de prontidão.

Militares Irritados com Jango

A embaixada britânica no Rio começou a receber insinuações de fontes não oficiais de que o Exército, irritado

---

[19] Ademar Ferreira de Barros (1901-1969), político brasileiro, nasceu em Piracicaba, São Paulo, a 22 de abril de 1901 e faleceu em Paris, a 17 de março de 1969. Formado em Medicina (1923), chegou a desenvolver carreira médica. Participou da Revolução Constitucionalista (1932) de São Paulo, sendo exilado. Eleito deputado estadual (1934), ligou-se a Getúlio Vargas, que o nomeou interventor do estado (1938-1941). Com a redemocratização, fundou, em 1945, o Partido Social Progressista (PSP), desenvolvendo discurso e práticas populistas. Governador de São Paulo (1947-1951 e 1963-1964) e prefeito da capital paulista (1957-1960) foi candidato à presidência da República em 1955 e 1960, não se elegendo. Apoiou o Movimento Militar de 1964, mas teve o mandato cassado e os direitos políticos suspensos por dez anos em 1966.

com a situação, estava se preparando para afastar João Goulart do poder. Para completar o quadro, dizia um relatório de 22 de janeiro[20], a embaixada recebera informações — que teriam partido de um dos colaboradores do próprio presidente — de que João Goulart havia proposto um estado de "provocação", objetivando abrir caminho para estabelecer um regime autoritário no Brasil. Essas informações, de acordo com o relatório, pareciam fazer sentido diante do grande número de greves deflagradas naquele período, o que deixou, por exemplo, o Rio de Janeiro completamente sem gás por muitos dias. Vários sindicatos envolvidos eram considerados subordinados diretamente ao comando do presidente. Informa o relatório que João Goulart chegou a se instalar, inexplicavelmente, em Petrópolis, dando a entender que pretendia estar por perto mas não no Estado da Guanabara, local de muitas greves e alvo natural de algum ato de "provocação".

O relatório cita reportagem publicada na imprensa, em 16 de janeiro: 61 greves no país e tudo indicava uma coordenação entre elas. Enquanto isso, o governo federal pagava anúncios nos jornais, responsabilizando o governador Carlos Lacerda e o governo do Estado da Guanabara pelas inquietações nas indústrias. A acusação foi negada com veemência por Lacerda, em depoimento transmitido em rede de rádio e televisão. Para o governador, as greves no Rio eram de caráter subversivo e vinham sendo articuladas por Jango com o intuito de justificar uma intervenção federal no Estado da Guanabara. Lacerda acreditava que João Goulart faria, em breve, uma declaração de estado de emergência e, em seguida, fecharia o Congresso para se estabelecer como ditador.

Denúncia de Armas alerta Coronel Americano

---

[20] FO371/173760 - AB1015/8

Para a embaixada britânica, a concretização de um golpe de estado era considerada remota. Mesmo assim, o relatório destacava uma denúncia pública do deputado Bilac Pinto[21], de que o presidente João Goulart estaria, secretamente, distribuindo armas aos trabalhadores em zonas costeiras, com a intenção de dar um golpe de estado.

A denúncia não foi levada muito a sério pela embaixada, entretanto, fez com que o adido militar dos Estados Unidos no Brasil, Coronel Vernon Walters[22], procurasse o general Humberto de Alencar Castelo Branco, então chefe do Estado-Maior das Forças Armadas. Como resultado do encontro com o Coronel Walters, o general Castelo Branco preveniu o ministro da Guerra, general Jair Dantas Ribeiro, de que, em caso de gol-

---

[21] Olavo Bilac Pereira Pinto, deputado da União Democrática Nacional, integrante da chamada "Banda de Música", como ficou conhecido o grupo de parlamentares da UDN que mais se destacou na oposição constante e implacável aos governos Vargas (1951-1954), Kubitschek (1956-1961) e Goulart (1961-1964). Sentados na primeira fila do plenário, freqüentavam constantemente a tribuna com uma oratória inflamada e agressiva. Além de Bilac Pinto, destacaram-se na "Banda de Música" Aliomar Baleeiro, Afonso Arinos, Carlos Lacerda, Herbert Levy, Oscar Dias Correia e José Bonifácio.

[22] Veterano da Segunda Guerra Mundial e amigo do General Castelo Branco, o coronel — mais tarde general — Vernon Walters era considerado um especialista no combate ao comunismo e trabalhou no Brasil entre 1962 e 1967. Foi, também, adido militar no Chile, pouco antes da queda do presidente Salvador Allende, em 1973. Chegou ao posto de vice-diretor da CIA durante a administração de Richard Nixon (1969-1974). Considerado pelo historiador Moniz Bandeira como o coordenador das ações da CIA no Brasil, Vernon Walters sempre negou qualquer participação no movimento militar de 64. Em entrevista ao jornal *Folha de São Paulo*, em 23 de agosto de 1998, disse o seguinte: "Os americanos não têm experiência em golpes militares. Seria ridículo eu procurar generais brasileiros para dar um golpe, quando eles tinham derrotado Getúlio Vargas. Eles não precisavam dos meus conselhos." Para o senador Darcy Ribeiro, os "conspiradores de 1964 não só aceitaram como solicitaram a intervenção estrangeira no Brasil".
No texto intitulado "O Golpe de 64", disponível na página do PDT na internet (http://pdt.org.br/golpe.htm), Darcy Ribeiro defende a tese da participação americana: "Assim é que se pôs em marcha a operação de desmonte do governo constitucional brasileiro através de um golpe urdido na embaixada norte-americana, orientada pelo Departamento de Estado, a CIA, e coordenada pelo adido militar, Coronel Vernon Walters, que atou as ações golpistas dos governadores de Minas, do Rio de Janeiro e de São Paulo e as articulou com a conspiração subversiva dos oficiais udenistas das Forças Armadas, que maquinavam desde 1945 contra a democracia brasileira."

pe, o Exército não daria apoio ao presidente. Na hipótese desse movimento, as tropas entrariam em ação de combate.

O relatório informava, ainda, que o adido militar americano tinha muitos contatos no Exército, principalmente por ter servido junto à FEB - Força Expedicionária Brasileira na Itália, durante a Segunda Guerra Mundial. Se o golpe ocorresse, a intervenção do general Castelo Branco frustraria ou, pelo menos, adiaria os planos do presidente, concluiu o relatório, assinado por R. A. Burroughs, dois meses antes de João Goulart deixar a presidência.

Nada de Golpe: É Carnaval

Passada a boataria golpista durante todo o mês de janeiro, o Brasil chegou a fevereiro em clima de Carnaval. *"É totalmente inconcebível que alguma coisa venha a interferir nesta orgia sem fim e, por isso, nenhum acontecimento político significativo deverá acontecer nas próximas semanas"*, escreveu o embaixador britânico no Rio, Leslie Fry[23]. As greves, certamente, iriam continuar, mas só em março, informava o diplomata, sem demonstrar muita fé em qualquer movimento revolucionário brasileiro. Para ele, assim como o cônsul em São Paulo, a situação permaneceria a mesma até as eleições presidenciais em 1965.

Como previsto, nada de importante aconteceu antes do Carnaval e a vida, como sempre, foi adiada para bem depois da Quarta-feira de Cinzas.

O Famoso Comício da Central

Fevereiro se foi e o mês de março trouxe de volta um certo clima de suspense, conforme relatório da embaixada

[23] FO371/173760 - AB1015/9

britânica no Rio [24]. Além de agitações em Recife, a principal expectativa era com o ainda hoje famoso Comício da Central, em 13 de março, na praça da estação ferroviária Central do Brasil e ao lado do prédio do então Ministério da Guerra, no centro do Rio de Janeiro, organizado por grupos de esquerda, como o Comando Geral dos Trabalhadores - CGT.

O presidente João Goulart estava sendo aguardado para fazer discurso e, provavelmente, anunciar a assinatura de mensagem ao Congresso com um plano de reforma agrária. Este plano, que envolveria a expropriação de terras, teve várias versões. *"O principal perigo"*, dizia a embaixada, *"era que essa proposta de reforma viesse a ser interpretada pelos trabalhadores rurais do Nordeste como sinal para invasão indiscriminada de propriedades particulares."*

Circulava, também, a informação de que o presidente aproveitaria a ocasião para a anunciar a intenção de desapropriar a refinaria de petróleo de Capuava, em São Paulo, passando a propriedade e o controle operacional da iniciativa privada para a estatal Petrobrás. Enquanto isso, Leonel Brizola se preparava para participar de um comício de trabalhadores rurais no município de Governador Valadares, em Minas Gerais, no dia 8 de março, mesmo a contragosto do governo do Estado. O evento acabou sendo cancelado na última hora.

No dia 20 de março, a embaixada britânica no Rio enviou comunicado relatando os recentes acontecimentos. *"Os últimos quinze dias têm sido de muita atividade do presidente e de grande coesão da esquerda. A direita, depois de um início vagaroso, está começando a organizar uma reação. Isto poderá representar um grau de polarização jamais existente entre os dois grupos."* O documento, assinado pelo diplomata John Morgan, confirmou a realização do Comício da Central, que teria contado

[24] FO371/173761 - AB1015/22

com a presença de 150 mil pessoas. O presidente João Goulart, como esperado, anunciou a assinatura das medidas de reforma agrária[25] e da expropriação de refinarias de petróleo.

A mensagem da reforma agrária, que foi considerada relativamente suave pelos diplomatas da embaixada, autorizava a União a desapropriar terras inativas ou improdutivas em propriedades particulares com mais de 500 hectares, situadas a 10 km de estradas de ferro ou de rodovias federais. O próprio presidente propôs disponibilizar duas de suas propriedades para expropriação. Até então, informava o relatório, não havia registros de nenhuma invasão de terra. Outro ato presidencial permitia a transferência do controle das refinarias de petróleo, todas de capital nacional, da iniciativa privada para a Petrobrás. A distribuição de petróleo, no entanto, permaneceria sob o comando de companhias multinacionais, como a Shell, apesar das ameaças de intervenção.

Além do presidente Goulart, outros políticos e representantes da esquerda também discursaram durante a manifestação. Entre eles, líderes das Ligas Camponesas, o governador de Pernambuco, Miguel Arraes — *"que falou pouco e deu a impressão de estar relutante em se associar às idéias de extrema-esquerda defendidas no palanque"* — e o deputado Leonel Brizola, *"cujo discurso, como era de se esperar, foi o mais caloroso e de grande impacto popular"*. Acrescentou o relatório da embaixada britânica que Brizola defendeu o fechamento do congresso e anunciou que o presidente

[25] A íntegra da mensagem do presidente João Goulart sobre Reforma Agrária, enviada, em 15 de março de 1964, ao Congresso Nacional, está disponível na página do PDT, na internet (http://pdt.org.br/golpe.htm). No texto, João Goulart justificou, assim, as suas medidas: "no quadro de reformas básicas que o Brasil de hoje impõe, a de maior alcance social e econômico, porque corrige um descompasso histórico, a mais justa e humana, porque irá beneficiar direta e imediatamente milhões de camponeses brasileiros, é, sem dúvida, a Reforma Agrária".

havia lhe dito que só deixaria a presidência em 1965 se o programa de reformas fosse instituído até lá. [26]

Os discursos inflamados teriam provocado diversas reações no Congresso Nacional, que recebeu, além de críticas, uma série de projetos de emendas constitucionais do presidente João Goulart. Os projetos mais polêmicos, na opinião dos ingleses, eram *"os da expropriação de terras pelo governo sem pagamento em dinheiro e da adoção do voto do analfabeto."* O presidente também sugeriu a criação de um plebiscito para que todos os brasileiros com mais de 18 anos se pronunciassem a respeito das reformas de base[27] do governo. Políticos de direita ameaçavam com impeachment o presidente por incitar rebeliões, mas, até então – informava o relatório – nenhuma medida nesse sentido havia sido tomada.

O comunicado da embaixada dizia, também, que o presidente teria ficado entusiasmado com a reação positiva causada pelos discursos no Comício da Central e estaria preparando

---

[26] Detalhe histórico, segundo Moniz Bandeira em seu livro Brizola e o Trabalhismo (pág. 92): Brizola não participou dos preparativos para o comício de 13 de março e seu nome não constava sequer da lista dos oradores e só quase à última hora recebeu o convite para comparecer e falar. Disse Bandeira: "No seu discurso, defendeu então a convocação de uma assembléia constituinte, desdobrando o ponto de vista que sempre defendera, favorável a que o governo federal explorasse ao máximo a Constituição de 1946, cujo texto, conforme a interpretação, dava margem à adoção de uma série de medidas em favor da coletividade, não só no âmbito político, mas, também, no campo econômico e social. 'Tudo dependia do ângulo em que se procurasse examinar o conjunto de franquias estabelecidas pelo texto constitucional' — Brizola ressalta [em entrevista ao autor]. 'Isto era um aspecto fundamental, pois normalmente a interpretação do texto constitucional obedecia a critérios elitistas favoráveis às classes privilegiadas."

[27] As chamadas reformas de base - agrária, bancária, educacional, administrativa - principal promessa da campanha de João Goulart quando se candidatou à reeleição à vice-presidência da República em 1960, tornaram-se depois a principal bandeira de seu governo, especialmente na fase presidencialista (1963-64). Diluídas em diversos projetos apresentados ao Congresso e em vários decretos do Executivo, elas foram condensadas na mensagem enviada por Goulart ao Congresso dois dias após o chamado Comício das Reformas, realizado na Central do Brasil em 13 de março de 1964.

outros comícios em Belo Horizonte, Recife e São Paulo[28]. *"O perigo"*, previa o documento, *"seria de que talvez o presidente, para agradar as massas populares, viesse a editar novos atos reformistas"*. E, também, como era de seu hábito, João Goulart estaria insinuando nova mudança de nomes no Ministério, com a intenção de conquistar outros apoios políticos.

Reação da Direita

Uma reação organizada da direita vinha se formando – *"de maneira muito lenta"*, na avaliação da embaixada britânica – mas, naqueles últimos dias, personalidades de direita haviam falado publicamente em "defesa da Constituição". Como exemplo, o relatório citou o ex-presidente marechal Dutra[29], que teria quebrado seu silêncio de 13 anos para pronunciar-se em prol da legalidade.

---

[28] No livro "O salão dos passos perdidos", o advogado Evandro Lins e Silva, que foi ministro do Exterior durante o governo de Jango, diz que o comício da Central do Brasil, em frente ao Ministério da Guerra, foi a gota d'água. Em conversa particular, dois dias depois do comício, Evandro Lins, na época ministro do Supremo Tribunal Federal, expôs ao presidente sua opinião sobre a manifestação: "Acho que o comício não ajudou em nada o desenvolvimento de sua ação como presidente da República para a realização das reformas pacíficas. Porque o comício se deu em frente ao Ministério da Guerra, e evidentemente os generais não estão de acordo com o que se passou ali." Mais adiante no livro, Evandro Lins dá sua opinião sobre o balanço final do comício feito por Jango: "Ele achava que o comício despertava a atenção para o problema das reformas, para o problema do petróleo etc., e que aquilo era bom para conhecimento público. Estava confiante em que o governo estava forte. Não sei por que motivo, mas achava isso. Não acredito que tivesse tido qualquer receio de queda do governo ou de golpe de Estado; não me deu essa impressão."

[29] Eurico Gaspar Dutra, marechal do Exército, natural de Cuiabá, Estado de Mato Grosso, foi presidente da República no qüinqüênio 1946-1951. Como ministro da Guerra, organizou a Força Expedicionária Brasileira - FEB, enviada para a Itália durante a II Guerra Mundial. Candidato do Partido Social Democrático - PSD à presidência da República, derrotou o brigadeiro Eduardo Gomes, da oposição liderada pela União Democrática Nacional - UDN. Declarando-se "presidente de todos os brasileiros", Dutra iniciou o seu mandato juntamente com a abertura dos trabalhos da Assembléia Nacional Constituinte, que preparou a Constituição de 1946, promulgada em 18 de setembro daquele ano e que permaneceu em vigor durante o regime militar de 1964, que, por força de atos revolucionários, lhe alterou diversos artigos, principalmente os de direitos e garantias individuais. Em 1967 e 1969,

O documento informou, também, a realização em São Paulo, no dia 20 de março, do encontro anticomunista, denominado "Marcha da Família com Deus pela Liberdade", que jornais de direita disseram ter tido a presença de cerca de meio milhão de pessoas. O principal objetivo do encontro, que contou com a participação do governador Carlos Lacerda, era fazer oposição às propostas de emendas à Constituição. *"O perigo, agora, é que os dois lados demonstraram capacidade de colocar o povo na rua, o que poderá aumentar o número de manifestações populares, pondo em risco o controle pela polícia"*, advertiu a embaixada. O relatório terminou informando que uma greve de operadores das telecomunicações havia deixado o Brasil e, conseqüentemente, a embaixada britânica sem comunicação com o mundo desde o dia 18 de março.

Em Londres, S.W. Martin, um dos analistas do Foreign Office para a América Latina, comentando o relatório de John Morgan, fez previsão equivocada dos acontecimentos brasileiros num comunicado manuscrito em 25 de março:

> *"A situação continua incerta e grave, mas não é desesperadora e eu não acredito que o presidente Goulart venha a fazer outras provocações, a ponto de convidar os militares a deflagrarem um golpe de estado"*[30].

Estados Unidos Vigilantes

O governo britânico não era o único a acompanhar de perto a movimentação política no Brasil. Os Estados

---

a Constituição Federal sofreu por parte dos ministros militares duas grandes emendas, que alguns juristas consideram como que uma nova Carta. Também no governo Dutra: fechamento dos cassinos e proibição do jogo de bicho (1946), rompimento de relações com a União Soviética (1948) e decisão do Tribunal Superior Eleitoral (5 x 3) que decretou a ilegalidade do Partido Comunista Brasileiro (1948), lançando o PCB na clandestinidade.

[30] FO371/173761 - AB1015/25

Unidos também mantinham constante vigilância. O governo americano ainda estava "engasgado" com a revolução socialista de Cuba, em 1959; inquieto desde a frustrada invasão na Baía dos Porcos, a 145km de Havana, em 1961; e "entalado" com a grave crise, em 1962, com a União das Repúblicas Socialistas Soviéticas - URSS, que havia instalado mísseis em Cuba, fazendo o presidente John Fitzgerald Kennedy ameaçar com represálias nucleares. Os soviéticos retiraram os mísseis em troca da promessa de Kennedy de não invadir Cuba.

O principal receio, portanto, era de que o Brasil viesse a dar uma guinada para a esquerda e, em função do seu tamanho e importância, passasse a servir de exemplo para toda a América do Sul.

Para Lorde Dundee, do Foreign Office, os Estados Unidos estavam mais do que conscientes dessa possibilidade e sabiam que, caso o Brasil se tornasse comunista, "*a guerra fria no hemisfério Ocidental, e muito provavelmente no mundo, estaria perdida*". Este era o principal motivo, segundo Dundee, que fazia com que os Estados Unidos se permitissem ser chantageados a pagar pela "*incapacidade e desonestidade dos administradores democratas brasileiros e, em troca, recebiam pouca gratidão pela sua generosidade*", avaliava o lorde inglês.

De olho, portanto, nas bandas abaixo da Linha do Equador, a manifestação da Central do Brasil e o discurso de João Goulart, por exemplo, foram parar num boletim diário da CIA[31], o serviço de inteligência americano. A embaixada

---

[31] CIA (*Central Intelligence Agency,* Agência Central de Inteligência), agência oficial da presidência dos Estados Unidos, criada em 1947 junto com o Conselho de Segurança Nacional. A CIA é a primeira agência permanente de informação com a responsabilidade de manter o Governo em dia com as ações estrangeiras que afetem os interesses do Estado; responde também pelas atividades de contraespionagem. Sua missão consiste em impedir que agentes estrangeiros se infiltrem em órgãos vitais para os Estados Unidos. No âmbito nacional, esse trabalho é feito em parceria com o FBI (*Federal Bureau of Investigation*). Realiza, além dis-

britânica em Washington, que tinha acesso especial às informações da CIA, as transmitiu num documento secreto para o Foreign Office, em Londres, no dia 24 de março:

"Os ministros militares e os representantes das Forças Armadas que compareceram ao comício de 13 de março estavam em bastante evidência durante todo o discurso ultranacionalista e provocativo de Goulart. Não há, no entanto, nenhuma indicação clara sobre a atitude deles em relação aos acontecimentos recentes. Goulart está, abertamente, tentando negociar com o Congresso Nacional, mas a maioria dos parlamentares é constitucionalista e dificilmente apoiaria o presidente, caso ele venha fechar o Congresso ou permitir uma greve nacional."

O governo inglês estava em permanente contato com o governo americano. Num extenso relatório de 20 de março, o embaixador britânico no Rio, Sir Leslie Fry, dizia o seguinte:

"Nós devemos fazer o que for possível para apoiar os Estados Unidos da América numa área do mundo que é muito mais preocupante para eles do que para nós. Infelizmente, no entanto, o antiamericanismo é um vírus que parece ter infectado de tal maneira quase todos os brasileiros, que é fácil concluir que a melhor forma de colaborar com os Estados Unidos seria exercer, separadamente, as nossas próprias políticas no país. Claro que em consultas aos nossos aliados, sempre que for necessário, mas não em colaboração aberta."

Esse tipo de consulta já vinha, de fato, acontecendo. A pedido do governo inglês, o Departamento de Estado americano, mesmo reconhecendo as dificuldades, fez uma série de

---

so, operações políticas secretas que vão da subvenção de partidos, grupos de pressão ou políticos estrangeiros considerados favoráveis até a ajuda para combater a subversão.

sugestões sobre de que maneira a Inglaterra poderia colaborar com os Estados Unidos na "solução" dos problemas brasileiros. Um documento interno do Foreign Office, de 14 de fevereiro, traz a lista dessas sugestões[32]:

"Nós e outros governos europeus deveríamos encorajar o presidente Goulart a colocar ordem na casa, no que se refere à situação financeira do país. Nossa disposição de ajudar no reescalonamento da enorme dívida externa do Brasil seria uma contribuição muito importante. Nós poderíamos ajudar no treinamento de economistas, seja providenciando palestras ou oferecendo cursos no Reino Unido. Outros projetos específicos poderiam ser discutidos e coordenados entre as embaixadas britânica e americana no Rio de Janeiro."

Visitas de (In)Formação

A lista sugerida pelo Departamento de Estado americano ao Foreign Office incluía um item que aparece em vários outros relatórios do governo britânico: visitas de "informação" de brasileiros ao Reino Unido — ou seja, "fazer a cabeça" de pessoas que exerciam liderança política e social ou que tivessem veículos de comunicação ao seu alcance. Os americanos chegaram a sugerir que o convite fosse feito a um grupo específico de políticos ou jornalistas de esquerda do Nordeste. Este tipo de visita já era, de certa maneira, rotina para o Foreign Office, conforme comentário de outro diplomata britânico, Mr. Slater:

"Todos nós concordamos com os benefícios que podem ser obtidos trazendo as pessoas certas para este país e dando-lhes o correto tratamento. O Brasil, claro, já faz parte do nosso programa de trazer "formadores de opinião", jor-

---

32 FO371/173760 - AB1015/18

nalistas, por exemplo, para o Reino Unido. Isto tem o seu valor a longo prazo, mas não contribui muito numa operação de emergência. Eu acho que seria melhor não alterar os planos em andamento para as visitas de informação e nos concentrar na idéia de convidar dois ou três ministros ou governadores de Estado, cuidadosamente selecionados, para um tratamento político intensivo em Londres. Nós temos o Sr. Miguel Arraes (governador de Pernambuco) em mente para este propósito, mas o Departamento de Estado americano o considera um caso perdido. Talvez seja melhor pedir a Sir Leslie Fry para sugerir uma outra pessoa próxima do poder que poderia responder a este tipo de tratamento."

Arraes: o Indesejável Leopardo

Para ser mais preciso quanto à indicação de Miguel Arraes, o Departamento de Estado americano defendeu a posição de que, neste caso, *"não havia esperança de se conseguir mudar as pintas do leopardo"*[33]. O objetivo da visita de Arraes à Inglaterra, segundo o embaixador Leslie Fry, seria tentar influenciar a esquerda brasileira para que seguisse políticas mais moderadas, ao invés de extremistas e, também, se aproximar de um presidente em potencial, antes que ele fosse cercado por muitas pessoas. O diplomata John Morgan, que havia estado com Miguel Arraes, fez a seguinte análise do governador de Pernambuco num relatório de 30 de dezembro de 1963 [34]:

"Arraes não é um intelectual, mas passa a impressão de inteligência e de extrema perspicácia. Seus olhos são semelhantes aos de um corretor da bolsa de valores. Sua astúcia camponesa, coberta por uma fina camada de falso bom

---

[33] FO371/173760 - AB1015/11
[34] FO371/173803 - 34405

humor, faz lembrar Mr. Khrutchev[35] *de 10 anos atrás. A questão principal é se ele é uma ferramenta do comunismo internacional - a minha impressão pessoal foi a de que se há alguma ferramenta sendo utilizada é Arraes quem a está manuseando. Apesar de ostentar idas semanais à igreja, sua filosofia política certamente estaria mais próxima da soviética do que a da democracia cristã. (...) Resumindo, ele não é o tipo de pessoa que eu gostaria de ver o Reino Unido fazer tentativas para "prestigiar" neste momento."*

No entanto, para Lorde Dundee, do Foreign Office, não havia grandes problemas em convidar Miguel Arraes. Segundo ele, quanto maior fosse o número de brasileiros influentes a visitar a Inglaterra, melhor. A idéia principal, escreveu Lorde Dundee num relatório de 28 de fevereiro, era *"oferecer uma ótima estada e tentar fazê-los como nós"*[36].

---

[35] **Nikita Sergeievitch Khrutchev** (1894-1971) foi chefe de governo da União das Repúblicas Socialistas Soviéticas (1958-1964). Durante a II Guerra Mundial presidiu o departamento político do Exército, organizando atividades guerrilheiras. Foi primeiro-secretário (1953-1964) do Comitê Central do Partido Comunista da União Soviética (PCUS). Promoveu a desestalinização e no terreno econômico manteve a produção industrial, aumentando a agrícola. Na política externa, Khrutchev desenvolveu a aproximação do Ocidente ao mesmo tempo que adotou medidas menos pacificadoras, como a instalação, em Cuba, de bases de mísseis de médio alcance. Foi destituído de seus cargos, em outubro de 1964, acusado de haver cometido diversos erros, tais como provocar a desorganização econômica da URRS.

[36] FO371-173760 - AB1015/19

Quando o Circo Pega Fogo

"Ontem à tarde, 31 de março, o governador do Estado de Minas Gerais, Magalhães Pinto, com o apoio do comando-geral das forças militares mineiras e do Estado de Goiás, que fica em torno de Brasília, rebelou-se contra o presidente Goulart."

Embaixador Leslie Fry

11 horas - 1º de abril de 1964

A centelha que faltava para detonar o barril de pólvora começou a pipocar no dia 24 de março de 1964, segundo os diplomatas britânicos, com a prisão de oficiais da Marinha que saíram de suas bases navais para participar de reuniões políticas. No dia seguinte, mais lenha na fogueira: reunião de três mil homens para celebrar o segundo aniversário da Associação dos Marinheiros e Fuzileiros Navais acabou em motim no prédio do Sindicato dos Metalúrgicos[37]. Foi assim que a embaixada no Rio de Janeiro relatou os últimos momentos antes do golpe militar de 1964.

No dia 27 de março, o embaixador britânico no Rio de Janeiro, Sir Leslie Fry, enviou dois comunicados[38] para o Foreign Office, em Londres, descrevendo a situação e insinuando que o presidente João Goulart talvez estivesse agindo em favor do motim. *"Afinal de contas"*, dizia o embaixador, *"foi o presidente que lançou a moda de demonstrações públicas em prol de reformas radicais e que passava a forte impressão de estar pronto para colocá-las em prática com métodos inconstitucionais"*.

Passo a Passo do Golpe

De 31 de março ao dia 2 de abril, o embaixador Leslie Fry enviou sucessivas mensagens (telex) para a Inglaterra, todas em caráter de urgência, relatando os primeiros movimentos dos militares. A história da "revolução" no Brasil foi contada da seguinte maneira:

"Do Rio de Janeiro para o Foreign Office[39]
31 de março de 1964, 15h35.
Telegrama 72

---

37 FO371/173761 - AB1015/27
38 FO371/173761 - AB1015/27 e AB1015/28
39 FO371/173761 - AB1015/29

Prioridade
Com cópia para Buenos Aires e Washington

Ficou claro, agora, que o ministro do Trabalho e líderes trabalhistas de esquerda participaram do acordo de rendição dos amotinados da Marinha. Enquanto isso, o Comando-Geral dos Trabalhadores ameaçou fazer uma greve geral em apoio ao motim.

Depois de se entregar, os amotinados foram levados para um quartel do Exército e liberados pouco tempo depois. Em seguida, caminharam por uma das principais ruas do Rio de Janeiro para comemorar a vitória. Durante a caminhada, o almirante Aragão[40] *foi carregado nos ombros dos manifestantes.*

A essa altura, o almirante Cunha Rodrigues, de idade já avançada, foi indicado para o Ministério da Marinha e, logo em seguida, o almirante Aragão foi renomeado pelo presidente como o comandante dos Fuzileiros Navais. Segunda-feira, dia 30 de março, foi declarado feriado e os oficiais ficaram de retornar aos seus postos a partir de hoje, 31 de março."

"Do Rio de Janeiro para o Foreign Office[41]
31 de março de 1964, 15h50.
Telegrama 73

---

[40] Cândido da Costa Aragão (1907 - 1998) era, na época, o comandante do Corpo de Fuzileiros Navais do Rio de Janeiro. Nasceu em João Pessoa, Paraíba, e transferiu-se para o Rio de Janeiro em 1926. "Tangido pela fome", como ele mesmo dizia, alistou-se na Marinha, sentou praça no Regimento Regular de Fuzileiros Navais e foi promovido muitas vezes, exercendo cargos em diversas unidades da corporação. Em março de 64 foi substituído no comando-geral do Corpo de Fuzileiros Navais pelo Almirante Luís Filipe Sinai, por ordem do ministro da Marinha, Sílvio Mota, por ter participado do comício da Central do Brasil, apoiando o presidente João Goulart. O apoio foi considerado uma transgressão ao regulamento disciplinar da armada. Assim que o golpe militar se consumou, Aragão foi preso. Exilado, viveu na China, Argélia, Vietnã, Uruguai e Cuba. (Fonte: *Jornal do Brasil*, 12/11/98, página 23)

[41] FO371/173761 - AB101530

Prioridade
Com cópia para Buenos Aires e Washington

Durante o final de semana, oficiais da Marinha e do Corpo de Fuzileiros Navais realizaram uma série de reuniões no Clube Naval. Eles criticaram o almirante Aragão por permitir a indisciplina. Oficiais superiores do Exército, reunidos no Clube Militar, anunciaram apoio aos colegas da Marinha.

Na noite passada, dia 30 de março, policiais militares celebraram o quadragésimo aniversário de sua associação. O presidente Goulart compareceu, inesperadamente, à cerimônia e, num discurso extremamente político, fez apelo em favor do respeito mútuo entre oficiais e praças. O líder dos amotinados e o almirante Aragão também estavam presentes e foram muito aplaudidos.

Os rumores são muitos e, sem dúvida, há muita atividade em curso nos bastidores. Na aparência, a situação é calma."

"Do Rio de Janeiro para o Foreign Office[42]
1º de abril de 1964, 11h00
Telegrama 77
Urgente
Cópia para Buenos Aires e Washington

Ontem à tarde, 31 de março, o governador do Estado de Minas Gerais, Magalhães Pinto, com apoio do comando-geral das forças militares sediadas em Minas e no Estado de Goiás, que fica junto de Brasília, rebelou-se contra o presidente Goulart.

O governador do Estado de São Paulo, Ademar de Barros, com o apoio do general Amaury Kruel, comandante

[42] FO371/173761 - AB1015/31

do II Exército, imediatamente, fez o mesmo. Pouco depois, o governador paulista anunciou que obteve declarações de apoio dos governadores da Guanabara, Paraná, Santa Catarina e Rio Grande do Sul.

Os governadores de Pernambuco e do Rio Grande do Norte estão apoiando o presidente Goulart. O Comando-Geral dos Trabalhadores declarou greve geral em todo o país em defesa da mesma causa.

No Rio de Janeiro, o governador da Guanabara, Carlos Lacerda, depois de haver prendido alguns líderes trabalhistas de esquerda, se encontra sob proteção policial na residência oficial. O presidente Goulart também se protegeu no Rio de Janeiro, a menos de um quilômetro do governador Lacerda.

O ministro da Guerra ordenou ao I Exército, sediado no Rio de Janeiro e aparentemente leal ao presidente, enviar oficiais rumo ao Norte para enfrentar a movimentação das tropas de Minas.

As emissoras de rádio e televisão do Rio de Janeiro estão sob censura e transmitem apenas notícias favoráveis ao presidente. Entretanto, os dois jornais mais influentes publicaram hoje, abertamente, matérias falando sobre a queda do presidente."

"Do Rio de Janeiro para o Foreign Office[43]
1º de abril de 1964, 11h20
Telegrama 78
Urgente

A situação é tensa. Estão chegando informações, ainda não confirmadas, da movimentação de tropas próximo ao Rio de

[43] FO371/173761 - AB1015/32

Janeiro. Não há registros de incidentes envolvendo cidadãos britânicos. Caso isto ocorra será, certamente, acidental."

"Do Rio de Janeiro para o Foreign Office[44]
1º de abril de 1964, 18h05
Telegrama 83
Urgente
Cópia para Buenos Aires e Washington

O presidente Goulart deixou o Rio de Janeiro de avião, aparentemente em direção a Brasília. Não há nenhuma informação oficial de que o presidente estaria entregando o cargo, entretanto, o governador Carlos Lacerda, do Estado da Guanabara, tem anunciado para todo o país o sucesso absoluto da revolução.

Têm ocorrido alguns tiroteios pela cidade, com algumas vítimas. De acordo com o noticiário, o resto do país está calmo. Possível exceção apenas para os Estados de Pernambuco e Rio Grande do Sul."

"Do Rio de Janeiro para o Foreign Office[45]
1º de abril de 1964, 19h30
Telegrama 84
Urgente
Confidencial
Cópia para Buenos Aires, Washington e Montevidéu

Acabei de saber de fonte segura que o presidente Goulart voou para Montevidéu. O presidente estava a caminho do Sul do Brasil quando foi informado de que o movi-

[44] FO371/173761 - AB1015/34
[45] FO371/173761 - AB1015/35

mento de resistência a seu favor em Porto Alegre, liderado pelo cunhado Leonel Brizola, havia fracassado.

Tudo indica que Goulart esteja derrotado. Presume-se que o Sr. Ranieri Mazzilli[46] *(item 65 do Relatório de Personalidades), presidente da Câmara dos Deputados e sucessor de acordo com a Constituição, deverá assumir interinamente as funções do presidente. De acordo com o artigo 79 da Constituição, cabe ao Congresso eleger o presidente e o vice-presidente dentro de no máximo 30 dias, caso os dois cargos estejam vagos (exatamente o que acontece neste momento), durante a segunda metade do mandato presidencial.*

Caso isso venha, de fato, a acontecer, gostaria de saber se será necessário algum ato formal de reconhecimento do novo governo. A embaixada dos Estados Unidos aqui no Rio de Janeiro acredita que o governo americano fará o reconhecimento o mais rápido possível."

"Do Rio de Janeiro para o Foreign Office[47]
2 de abril de 1964, 11h20
Telegrama 87
Urgente
Cópia para Buenos Aires e Washington

As últimas informações sobre a localização do Sr. Goulart são contraditórias. O presidente pode estar tanto no Uruguai, quanto no Paraguai ou Rio Grande do Sul.

---

[46] Pascoal Ranieri Mazzilli (1910-1975), deputado federal por São Paulo de 1951 a 1966, foi presidente da Câmara dos Deputados de 1959 a 1965 e nessa condição assumiu diversas vezes interinamente a presidência da República, inclusive em duas situações de crise: 1961, entre a renúncia de Jânio Quadros (25 de agosto) e a posse de João Goulart (7 de setembro), e de 2 a 15 de abril de 1964, entre a deposição de João Goulart e a posse de Castelo Branco.

[47] FO371/173761 - AB1015/39

Certamente ele partiu do Rio de Janeiro para Brasília. Eu não tenho conseguido fazer contato com a nossa representação lá na capital. Mas, de acordo com outras informações que circulam por aqui, o presidente foi para sua casa de campo nas proximidades da capital federal, se reuniu com aliados políticos e, antes de partir de avião novamente, fez uma declaração afirmando que iria resistir.

O Congresso se reuniu nas primeiras horas da manhã de hoje, 2 de abril, e declarou o Sr. Mazzilli presidente da República, com base no artigo 74 da Constituição."

"Do Rio de Janeiro para o Foreign Office[48]
2 de abril de 1964, 12h50
Telegrama 88
Urgente
Cópia para Washington

De acordo com as últimas informações, a maior parte do país se encontra calma e sob o controle de forças contrárias a Goulart.

O Rio Grande do Sul, Estado natal dos Srs. Goulart e Brizola, é exceção. Ao contrário da informação do primeiro parágrafo de meu telegrama número 84, Brizola, apoiado por algumas unidades do III Exército, tem o controle da capital, Porto Alegre. O governador Ildo Meneghetti, que se declarou contra Goulart, foi com seu gabinete e outros órgãos administrativos para o interior, onde instalou uma capital provisória para o Estado.

O General Amaury Kruel, comandante do II Exército em São Paulo, está a caminho do Sul, pelo Estado do Paraná, e já alcançou Curitiba.

---

[48] FO371/173762 - AB1015/41

Em Pernambuco, o governador Miguel Arraes está sob custódia do IV Exército, que o substituiu pelo vice-governador.

No Estado do Rio de Janeiro (capital: Niterói), o governador Badger Silveira também está igualmente detido pelos militares.

No Estado da Guanabara (capital: Rio de Janeiro), a situação parece estar sob controle. Houve alguma comemoração por aqui depois do pronunciamento do governador Lacerda e não há registros de mais tiroteios. Destacados militantes de esquerda foram detidos, incluindo o ministro da Justiça e o marechal da reserva Osvino Ferreira Alves, presidente da Empresa Brasileira de Petróleo — Petrobrás. A demonstração de massa anticomunista, 'Famílias Cristãs da Guanabara', planejada há algum tempo para esta tarde, 2 de abril, na cidade do Rio de Janeiro, foi transformada agora (meio-dia) numa demonstração, também, de oposição ao antigo regime."

"Do Rio de Janeiro para o Foreign Office[49]
2 de abril de 1964, 17h30
Telegrama 90
Urgente
Cópia para Washington e Montevidéu

Unidades do II Exército se juntaram ao governador Ildo Meneghetti, do Rio Grande do Sul, que agora retomou o controle de Porto Alegre. De acordo com informações, a situação está tranqüila. A localização do Sr. Brizola é desconhecida. O noticiário local informa, agora, que o Sr. Goulart está no Uruguai.

---

[49] FO371/173762 - AB1015/42

Finalmente, nós conseguimos fazer contato por telefone com Brasília e fomos informados de que a capital federal tem estado calma nos últimos dias.

Parece certo que as forças revolucionárias controlam, agora, todo o país."

A confirmação da chegada de João Goulart ao Uruguai foi dada pela embaixada britânica em Montevidéu nesse telegrama:

"De Montevidéu para o Foreign Office
4 de abril de 1964, 19h30
Telegrama 31

Goulart chegou às 17h34, hora local, ao aeroporto Pando, próximo a Montevidéu, e foi ao encontro de sua esposa (Maria Theresa Goulart), que havia chegado ontem. Ele foi recebido pelo Subsecretário de Defesa do Uruguai, representantes da Força Aérea e pelo ministro das Relações Exteriores."

Um outro relatório da embaixada britânica em Montevidéu informou que Jango concedeu entrevista coletiva no dia 5 de abril e afirmou não ser e nunca ter sido comunista — "uma doutrina essencialmente oposta à ideologia do país".

O Olhar Americano

O golpe militar também foi acompanhado com atenção pela embaixada britânica em Washington, nos Estados Unidos. O Lorde Harlech enviou as seguintes mensagens para o Foreign Office, em Londres.

"De Washington para o Foreign Office[50]
1º de abril de 1964, 19h55
Telegrama 1213
Prioridade
Confidencial

(...) Os americanos estão acompanhando a situação do Brasil bem de perto, mas eles teriam pouca influência, se é que têm alguma, no desenrolar dos acontecimentos. Goulart talvez tente, e vai ter, apoio dos sindicatos da esquerda e de orientação comunista, juntamente com elementos das Forças Armadas leais ao governo, mas os americanos acreditam que as reações contra o presidente seriam muito fortes. Se Goulart for deposto ele será sucedido, de acordo com a Constituição, pelo presidente do Congresso, Ranieri Mazzilli, considerado pelos americanos como um político moderado."

"De Washington para o Foreign Office[51]
1º de abril de 1964, 20h07
Telegrama 1214
Prioridade
Secreto

A situação de revolta contra Goulart, iniciada ontem em Minas Gerais, não está muito clara. O governador de São Paulo e, pelo menos, parte da polícia militar paulista estão apoiando a revolta, entretanto, a posição do general Amaury Kruel, comandante do II Exército, não está bem definida. O governador Lacerda, do Estado da Guanabara, está isolado em sua residência, protegido pela Polícia Militar carioca. Apesar de alguns líderes da revolta afirmarem que outros cinco Estados estão participando do movimento, não existe

[50] FO371/173761 - AB1015/37
[51] FO371/173761 - AB1015/38

nenhuma evidência para comprovar tal apoio. Até agora, somente o Estado do Paraná parece ter aderido à revolta. O presidente do Senado (Auro de Moura Andrade) tem apoiado abertamente a revolta "democrática" e a maioria dos parlamentares também tem declarado apoio, inclusive para providenciar uma base legal, caso o movimento seja bem-sucedido. A maioria das forças militares ainda não tomou partido de qualquer dos lados e o contínuo fracasso da maioria das unidades em apoiar a revolta reduz as chances de seu sucesso. Até o momento, não ocorreu nenhum tipo de confronto, somente uma pequena movimentação de tropas.

Todas as forças militares estão, de alguma maneira, em estado de alerta. O ministro da Guerra, general Jair Dantas Ribeiro, já retornou ao posto e, aparentemente, assumiu o comando em defesa do governo. Unidades do I Exército estão se movimentando em direção a Minas para acabar com a revolta, entretanto, comenta-se que algumas tropas estão em marcha para se juntar aos rebeldes. O chefe do Estado-Maior do I Exército, general Castelo Branco, que se envolveu recentemente em manifestações contra Goulart, está, aparentemente, detido no Ministério da Guerra.

O Comando-Geral dos Trabalhadores, de liderança comunista, anunciou greve geral a partir da meia-noite de ontem e os transportes aéreo e ferroviário já estão parcialmente paralisados. As forças de oposição a Goulart parecem estar sob controle no Estado de Minas Gerais e estabeleceram sua base no município de Juiz de Fora. Propaganda a favor da revolução está sendo emitida a partir daquela cidade. O governo impôs censura às transmissões de rádio e apenas as estações que seguem a linha governista têm permissão para funcionar.

A rebelião parece estar se espalhando e as próximas 48 horas serão cruciais."

"De Washington para o Foreign Office[52]
2 de abril de 1964, 22h39
Telegrama 1233
Prioridade
Secreto

1. O relatório do DIA (Defense Intelligence Agency) de 2 de abril informa que Mazzilli foi, formalmente, indicado chefe do executivo federal que, com exceção apenas de Porto Alegre, tem sofrido pouca ou quase nenhuma oposição. No Estado do Rio Grande do Sul, acredita-se que algumas unidades do Exército estão em oposição a Brizola e, de acordo com o relatório do DIA, é esperado que lancem um ataque em Porto Alegre, com assistência do V Exército, da região militar do Paraná. O governador Ildo Meneghetti se juntou ao general Poppe de Figueiredo, da Terceira Divisão de Infantaria, da cidade de Santa Maria, que faz oposição a Goulart. Não há registros de resistência civil ou militar em qualquer outra parte do Brasil.

2. O general Artur da Costa e Silva foi nomeado ministro do Exército. Um comitê de quatro ou cinco almirantes assumiu o controle da Marinha. A Força Aérea não participou ativamente do movimento contra Goulart.

3. O Comando-Geral dos Trabalhadores foi dissolvido e presos os seus líderes. A greve geral parece fracassar na medida em que líderes trabalhistas de esquerda estão sendo detidos em todo o país.

---

[52] FO371/173761 - AB1015/40

4. Manifestações estudantis no Rio de Janeiro em 1º de abril foram controladas pelo I Exército, provocando algumas vítimas. Em Pernambuco, o governador Miguel Arraes foi deposto pelo IV Exército.

5. Na capital federal, unidades da Marinha e da Aeronáutica abandonaram a defesa de Goulart num estado bem inicial. O Exército, sob o comando do general Fico, simpatizante do presidente Goulart, fez um apelo por "legitimidade" e garantiu proteção total ao Congresso. O que se sabe, entretanto, é que unidades do Exército na capital se mostram hesitantes, e, por isso, nenhuma resistência está sendo esperada contra as tropas de Cuiabá e de Belo Horizonte, que avançam em direção a Brasília."

Reconhecimento do Novo Governo

O governo britânico ia aos poucos arquivando as informações que chegavam dos embaixadores e, também, da imprensa, principalmente da agência inglesa de notícias Reuters. Cabia ao Foreign Office, em Londres, a missão de juntar as peças e de orientar as decisões do governo da Grã-Bretanha. No dia 2 de abril, S.W. Martin, do Foreign Office, escreveu[53]:

"De acordo com as mensagens recebidas do Rio de Janeiro e do noticiário da Reuters, tudo indica que a rebelião tenha sido bem-sucedida. Existem, entretanto, muitas incertezas, principalmente a respeito da localização do ex-presidente Goulart e da atitude dos trabalhadores brasileiros, que ainda podem criar sérias dificuldades contra o novo regime, com greves e manifestações de protesto.

Sir Leslie Fry levantou a questão do reconhecimento do novo governo. A presente situação do Brasil parece se-

[53] FO371/173761 - AB1052/2

melhante à da Argentina em 1962, após a derrubada do presidente Arturo Frondizi por um golpe militar. Como no caso argentino, o novo presidente assumiu o cargo com base na Constituição. Entretanto, existem duas questões que devem ser consideradas: a primeira é se o Sr. Mazzilli pode reivindicar o direito de governar e a segunda é se o seu governo tem de fato o controle do país. Sobre a primeira questão, a resposta parece ser positiva. No entanto, sobre a segunda, ainda é cedo para dar uma resposta definitiva.

Se for confirmado que não há necessidade de um ato formal de reconhecimento, seria interessante anunciar que nós aceitamos o Sr. Mazzilli como presidente, bastando, para isso, notificar o recebimento da comunicação do Ministério das Relações Exteriores do Brasil, seguindo a mesma atitude do caso argentino."

No dia seguinte, a questão do reconhecimento foi mencionada, também, numa mensagem da delegação britânica na Organização para o Tratado do Atlântico Norte - Otan, em Paris, enviada para o Foreign Office, em Londres[54]:

"CONFIDENCIAL
3 DE ABRIL DE 1964
DELEGAÇÃO BRITÂNICA NA OTAN, PARIS
De: P.H.G Right
Para: R.M.K. Slater

Na reunião do conselho, de hoje de manhã, o representante dos Estados Unidos fez uma declaração sobre a situação do Brasil: 'A progressiva deterioração da situação interna do país', ele disse, 'culminou em revolta pelas forças democráticas. O que aconteceu não foi um tradicional golpe

---

[54] FO371/173771 - AB1023/1

de estado, uma vez que o processo constitucional e democrático foi preservado durante a substituição do Sr. Goulart pelo Sr. Mazzilli. O presidente Goulart, no entanto, havia atacado a Constituição.'

A declaração não fez nenhuma menção ao reconhecimento do novo regime e a delegação dos Estados Unidos aqui na OTAN não recebeu nenhuma informação do Departamento de Estado a esse respeito."

Em resposta[55] a esta carta, o Foreign Office pede desculpas, em 8 de abril, por não ter mantido a delegação britânica na OTAN informada sobre os últimos acontecimentos e diz que, sob o ponto de vista britânico, o reconhecimento do governo americano ao novo regime brasileiro estava implícito na mensagem cordial enviada pelo presidente Lyndon Johnson ao presidente Ranieri Mazzilli. *"No nosso caso"*, segue o texto do Foreign Office, *"nós concordamos com a visão geral de que foi muito bom ficar livre de Goulart"*, achando, porém, que era muito cedo para comemorações. E afirmou:

"É difícil de dizer, em termos políticos, onde reside o poder — esperamos que não seja muito para a direita — e problemas devem acontecer caso o novo governo fracasse em colocar em prática um vigoroso programa de reformas sociais e econômicas. Tudo isso, certamente, será discutido por um grupo de especialistas na semana que vem. Nossas primeiras reações estão no relatório enviado ontem".

Pouco mais de um mês depois, em 8 de maio, R. M. K. Slater deixava clara, numa carta para a embaixada britâni-

---

[55] FO371/173771 - 34317

ca no México, a posição do Foreign Office sobre o golpe e a questão do reconhecimento do novo regime[56]:

"(...) o nosso reconhecimento do novo governo brasileiro foi feito sem muito alarde (apenas notificamos o recebimento de uma nota brasileira de forma rotineira). Isto porque nós aceitamos a visão de que a sucessão fora constitucional — uma visão contestada por alguns pelo fato de Goulart ainda estar no país quando a presidência foi declarada vaga. Mas apesar de a constitucionalidade ter sido observada, isto, claro, não altera o fato de que a mudança de governo se fez pela força; portanto, nós tivemos que adotar o critério normal de controle efetivo etc — uma questão que deixou pouquíssimas dúvidas dentro das 48 horas do golpe.

(...) Nós estamos evitando fazer julgamentos sobre o novo governo brasileiro. É um alívio estar livre de Goulart, mas se o novo pessoal se voltar muito para a direita talvez seja uma prova de que o Brasil tenha apenas trocado a frigideira pelo fogo. O entusiasmo americano parece ter esfriado um pouco, mas não é difícil imaginar que os Estados Unidos darão um sólido apoio ao novo governo."

Sai Mazzilli, Entra Castelo

Enquanto o deputado Ranieri Mazzilli era indicado às pressas pelo Congresso para substituir João Goulart, o Comando Supremo da Revolução se articulava com civis e militares para colocar na presidência um representante das Forças Armadas. Em 7 de abril de 1964, a embaixada britânica em Washington enviou mensagem[57] ao Foreign Office com as últimas informações da agência de inteligência americana:

---

[56] FO371/174158 - 34722
[57] FO371/173162 - AB1015/56

"Todos os serviços militares brasileiros ainda estão em alerta parcial e o vigoroso expurgo dos esquerdistas continua. O presidente da República para a atual conjuntura deverá ser designado no dia 10 de abril. Há informações de que líderes revolucionários estão cogitando de uma resolução do Congresso que investe o general Artur da Costa e Silva, chefe das Forças Armadas, de plenos poderes até à nomeação do novo presidente. Pelo que tudo indica, o Congresso deve eleger o general Castelo Branco como presidente interino para atuar nos 20 meses restantes do mandato não cumprido por Goulart. O embaixador de Cuba deixou o Brasil às pressas, com a família e funcionários, de acordo com noticiário de rádio. A atitude do diplomata cubano é coerente com a declaração feita em 4 de abril de que o Brasil certamente romperia relações diplomáticas com Cuba."

Três dias depois, o Foreign Office recebia um telex[58] da embaixada britânica no Rio de Janeiro. A principal informação era a assinatura do Ato Institucional, em 9 de abril, baixado pelo Comando Supremo da Revolução. Foi o primeiro ato da legislação revolucionária e definia os objetivos do movimento, institucionalizando-o. A mensagem resumiu o Ato Institucional da seguinte maneira[59]:

1) *Mantinha a Constituição de 1946 em vigor até a posse do novo presidente em 1966.*
2) *Estabelecia que as eleições para a presidência e vice-presidência deveriam ser realizadas pelo Congresso Nacional dentro de dois dias.*

---

58 FO371/173762 - AB1015/500

59 A íntegra do Ato Institucional nº1 (AI-1), de 9 de abril de 1964, pode ser encontrada no livro "Documentos Históricos Brasileiros", editado pela FENAME - Ministério da Educação e Cultura, em 1976, páginas 250, 251 e 252; e no CD-ROM do Almanaque Abril de 1997 (Basta selecionar "verbetes", clicar no mapa do Brasil, optar "História do Brasil", e entrar no texto "Regime Militar de 1964", nele haverá links tanto para o AI-1, quanto para o AI-5, de 13 de dezembro de 1968).

3) *Autorizava a suspensão, por seis meses, das garantias constitucionais de magistrados e de servidores públicos e a cassação dos direitos políticos de qualquer pessoa por dez anos "em nome da paz e da honra nacional".*
4) *Permitia ao presidente declarar estado de sítio e estabelecia, também, que somente ele poderia propor leis que implicassem aumento de gastos públicos.*

Àquela altura o nome mais indicado, tanto pelos governadores vitoriosos quanto pelos líderes do Exército, para assumir a presidência até as eleições de 1965 era o do general Humberto de Alencar Castelo Branco. Um relatório[60] da embaixada britânica o descrevia como oficial altamente respeitado no Brasil, mas que não tinha o mesmo prestígio de outro presidente militar, o marechal Eurico Gaspar Dutra. Em compensação, informava o relatório, o general Castelo Branco era 15 anos mais jovem do que Dutra e certamente poderia ser mais ativo.

No dia 12 de abril veio a confirmação: o general Castelo Branco foi eleito presidente pelo Congresso, tendo como vice-presidente o político mineiro José Maria Alkmin, que era civil. Alkmin havia sido ministro da Fazenda no governo de Juscelino Kubitschek e considerado *"um dos piores dos últimos tempos"*, conforme análise do embaixador britânico. Logo em seguida à eleição, o general Castelo Branco foi promovido a marechal, o mais alto posto do Exército brasileiro. Em 13 de abril, o embaixador brasileiro em Londres, Carlos de Souza, enviou uma Nota ao governo britânico comunicando a eleição e a data da posse do novo presidente da República: 15 de abril.

Em comunicado de 14 de abril[61], o embaixador Leslie Fry sugeriu que o governo britânico enviasse uma mensagem ao

[60] FO371/173762 - AB1015/57
[61] FO371/1737762 - ABA1015/55

novo presidente brasileiro, que era tido como simpatizante da Grã-Bretanha. O embaixador fez questão de lembrar nesse telegrama que o general Castelo Branco havia servido na Itália, durante a II Guerra Mundial, como tenente-coronel, sob o comando do marechal britânico Lorde Alexander e sugeriu um "agrado": *"tenho certeza de que ele ficará extremamente sensibilizado em receber uma mensagem de seu ex-comandante"*. Em 16 de abril, Sir Leslie Fry enviou um relatório[62] de seis páginas sobre a posse de Castelo, incluindo trechos do seu discurso e comentários sobre o jantar para o corpo diplomático estrangeiro creditado no país, ao qual ele compareceu.

Duas semanas depois da posse, a embaixada britânica em Washington emitiu um comunicado secreto para Londres, com base nas informações da DIA[63], a agência de inteligência para a defesa americana. Nos primeiros quinze dias de governo, Castelo Branco estava sendo considerado muito conciliatório em relação aos políticos pelos líderes do alto comando militar. Caso não mudasse sua política dentro de 20 dias, Castelo Branco seria lembrado pelos líderes militares de que ele, na prática, era apenas o chefe do movimento revolucionário e não o presidente constitucional do Brasil. Como resultado dessas conversas dos militares no Rio de Janeiro, era possível, dizia o relatório, que o presidente transferisse a capital do país de volta ao antigo Distrito Federal para evitar seu isolamento em Brasília, uma vez que o epicentro da conflagração militar estava na Cidade Maravilhosa.

---

[62] FO371/173766 - 34214
[63] FO371/173763 - AB1015/69

O GOLPE NA BOCA DO MUNDO

"A imprensa cubana vinha demonstrando crescente apoio ao presidente João Goulart nas semanas que antecederam a revolta militar. Logo depois do golpe, a imprensa considerou os líderes militares brasileiros como fascistas e nazistas que agiam com o apoio da CIA e do Pentágono."

Embaixada do Canadá em Cuba

15 de abril de 1964

"As razões para satisfação em Washington são legítimas. O governo de Goulart era tão ruim que, sob todos os pontos de vista, haverá, no final das contas, sempre um motivo para comemorar."

Jornal "The New York Times"

7 de abril de 1964

O golpe militar no Brasil deu o que falar: as embaixadas britânicas de vários países do mundo iam enviando ao seu Governo, em relatórios, o que os principais jornais noticiavam, assim como a visão dos bastidores dos governos. A mudança de rumo na política interna brasileira acabou se refletindo na diplomacia internacional e provocando diversas reações. Dos Estados Unidos a Cuba, da Venezuela à Polônia, cada país sentiu e acusou o golpe de alguma maneira.

Estados Unidos

O governo americano foi o primeiro a reconhecer Ranieri Mazzilli como presidente interino do país. A mensagem do presidente dos Estados Unidos, Lyndon Johnson, ao novo colega foi documentada em telex enviado por Lorde Harlech, da embaixada britânica em Washington, ao Foreign Office, em Londres[64]:

"De Washington para o Foreign Office
3 de abril de 1964, 20h00.
Telegrama 1246
Prioridade
Cópia para o Rio de Janeiro, Buenos Aires e Montevidéu

Segue mensagem enviada pelo presidente Johnson a Mazzilli em 2 de abril de 1964.

1) Receba, por gentileza, as minhas mais calorosas felicitações ao assumir a presidência dos Estados Unidos do Brasil. O povo americano tem acompanhado com grande ansiedade as dificuldades econômicas e políticas que a sua grande nação está passando e tem admirado o profundo desejo da comunidade brasileira de resolver essas dificuldades dentro dos parâmetros da democracia constitucional e sem o

[64] FO371/174279 - AU103106/6

conflito civil. As relações de amizade e cooperação entre os nossos dois governos e os seus cidadãos são um grande legado histórico para ambos os países e um trunfo precioso no interesse pela paz, prosperidade e liberdade neste hemisfério e em todo o mundo. Espero, ansiosamente, continuar fortalecendo essas relações e intensificar a cooperação em prol do progresso econômico, da justiça social e da paz mundial.'

2) Em entrevista coletiva no dia 3 de abril, Mr Rusk[65] *declarou que o governo dos Estados Unidos estava pronto para trabalhar, de maneira bem próxima, com o novo governo brasileiro. Ele descreveu a deposição do presidente Goulart como 'uma ação para assegurar o processo constitucional'. O subsecretário de Estado, George Ball, também declarou, numa outra entrevista coletiva, que 'houve uma ação conjunta no Brasil para forçar a saída de Goulart e preservar o governo constitucional'. A convulsão foi um 'evento extraordinário e não um golpe como de hábito'."*

Anexa ao telegrama, seguiu a transcrição da entrevista coletiva do secretário de Estado, Dean Rusk, de 3 de abril de 1964, distribuída pelo Departamento de Estado americano:

"DO DEPARTAMENTO DE ESTADO PARA A IMPRENSA[66]
3 DE ABRIL DE 1964

Repórter: *Sr. Secretário, o senhor vê algum progresso nas relações ou qualquer expansão de ajuda dos Estados Unidos ao Brasil como resultado da recente mudança de governo?*

RUSK: *Bem, eu acho que nós estamos prontos, como sempre estivemos, para trabalhar, de maneira bem próxima, com o Brasil, e fazer com que eles possam resolver seus*

---

[65] **Dean Rusk** (1909-1994) foi secretário de Estado dos presidentes John Fitzgerald Kennedy e Lyndon B. Johnson.
[66] FO371/174279 - 34786

enormes problemas de economia e de desenvolvimento social. Nós, por sinal, achávamos que tínhamos um acordo firmado há cerca de um ano e meio, ou dois anos, dentro do Programa da Aliança para o Progresso[67]*, que forneceria uma importante assistência ao Brasil desde que algumas providências fossem tomadas por eles próprios.*

Infelizmente, o plano não deu certo, porque os acordos que nós realizamos com o ministro Dantas[68] *não foram bem assimilados no Brasil. Eles não tiveram continuidade.*

Mas, claro, nós estamos profundamente interessados na vitalidade econômica daquele grande país. É uma grande República irmã no hemisfério, tão grande quanto os Estados Unidos, com 75 ou 85 milhões de habitantes, e nós deveríamos estar o mais próximo possível deles agora para saber como poderemos ajudar em suas necessidades diante da atual situação.

Repórter: *Sr. Secretário, o senhor acredita que o estabelecimento de um novo governo ou a sucessão de um novo líder poderá melhorar a cooperação do Brasil com outras nações do hemisfério em questões como Castro-Cuba?*

RUSK: *Bem, eu tenho certeza de que vocês vão compreender minhas reticências ao comentar em detalhes o que tem acontecido internamente no Brasil, mais uma vez, aquela grande República irmã. Nós temos tido a impressão de que nas últimas semanas uma considerável preocupação se desenvolveu dentro do Congresso, entre os governadores dos principais Estados, nas Forças Armadas e entre um grande segmento da população de que a estrutura básica da Consti-*

[67] A Aliança para o Progresso foi um programa de assistência sócio-econômica da América Latina formalizado entre os Estados Unidos e outras 22 nações americanas, entre elas o Brasil, em agosto de 1961.

[68] Francisco Clementino de San Tiago Dantas, que fora vice-presidente da Comissão Executiva Nacional do Partido Trabalhista Brasileiro - PTB em 1960, exerceu de janeiro a junho de 1963 o cargo de ministro da Fazenda.

tuição do Brasil estava sob ameaça e que o Congresso, os governadores, as Forças Armadas se moveram para assegurar a continuidade do governo constitucional naquele país.

Agora, parte da preocupação é expressa por lideranças brasileiras, uma preocupação que nós também sentimos, de que elementos extremistas estavam tendo cada vez mais influência na administração do presidente Goulart.

Eu acho que a nova administração vai aguardar a eleição do novo presidente pelo Congresso, dentro do período de 30 dias estabelecido pela Constituição.

Mas eu acho, também, que esse profundo compromisso de todos aqueles que vêm trabalhando neste problema no Brasil, por um governo constitucional e por uma democracia representativa, venha a recomendar que o Brasil assuma a liderança no hemisfério e na Organização dos Estados Americanos - OEA[69] *nessa questão de regimes totalitários e, particularmente, nessa ameaça da extrema-esquerda.*

Repórter: *Sr. Secretário, sendo o Brasil um país tão grande e importante no cenário latino-americano, o senhor não acha que os métodos utilizados nessa mudança de governo, uma vez que houve uso da força, principalmente pelos militares, poderiam*

---

[69] *Organização dos Estados Americanos - OEA*, sucessora da União Internacional das Repúblicas Americanas (criada em 1890), instituída em 1948, numa conferência realizada em Bogotá, na Colômbia, com os seguintes objetivos: fortalecer a paz e a segurança do continente americano; promover e consolidar a democracia representativa, respeitando o princípio de não intervenção; prevenir possíveis causas de dificuldades e garantir acordos de paz na disputas entre os países membros; fornecer uma ação comum em caso de agressão a um dos países integrantes; buscar soluções para problemas políticos, jurídicos e econômicos que venham a surgir entre os seus países; promover, por ação cooperativa, o desenvolvimento econômico, social e cultural, e alcançar uma redução efetiva de armas convencionais para que seja possível empregar maior soma de recursos no desenvolvimento econômico e social dos Estados Membros. Seu órgão central e permanente é a Secretaria Geral, sediada em Washington. A OEA está na internet: http://www.oas.org/EN/PINFO/OAS/oas.htm

ter um efeito negativo nos movimentos democráticos do hemisfério?

RUSK: *Eu acho que não. Em primeiro lugar, nos últimos anos, as Forças Armadas do Brasil têm confirmado o compromisso com o governo constitucional naquele país. E esta ação não ocorreu sem antes ter havido muitos sinais de que o presidente Goulart parecia estar se preparando para mudar as determinações constitucionais e se mover em direção a algum tipo de regime totalitário.*

Este é um assunto que gera controvérsias no Brasil e fora dele, mas este era o medo dos moderados e dos defensores da democracia daquele país.

Eu acho, também, que é importante observar o fato de que milhões de pessoas têm ido para as ruas nos últimos dias para demonstrar apoio ao que tem sido feito por lá. Mas eu gostaria de enfatizar que o que aconteceu não resolve, de maneira nenhuma, todos os problemas.

O Brasil tem estado num processo de desenvolvimento dinâmico há muitos anos - um país com grandes recursos, um país que vem se movendo com grande vitalidade no seu desenvolvimento econômico. Mas, neste processo, existem problemas. Problemas de inflação, problemas de investimento, problemas de dívida externa e problemas que nós mesmos nos deparamos em algum ponto de nossa história, quando passamos pelo processo quase dramático de desenvolvimento em respeito aos recursos nacionais.

Portanto, eu acho que o que aconteceu no Brasil não irá sugerir a outras partes da América Latina que o tradicional golpe é a solução, simplesmente porque essa não é a situação no Brasil. O que aconteceu foi que um espectro muito mais amplo da vida política, econômica e social do país expressou o seu apoio por um governo constitucional."

New York Times

A expressão "governo constitucional", as duas últimas palavras da fala do secretário de Estado Americano, Dean Rusk, durante a entrevista coletiva de 3 de abril de 1964, foram consideradas tão fantasiosas como a história de "Alice no País das Maravilhas", pelo editorial do jornal "The New York Times", de quatro dias depois[70]. O jornal americano, apesar de se referir a João Goulart como um péssimo presidente, questionou o caráter constitucional do novo governo, fazendo uma comparação caso um semelhante golpe acontecesse nos Estados Unidos: "seria como se os chefes do Pentágono depusessem o presidente Johnson e colocassem na presidência o presidente do Congresso, McCormack".

O editorial criticou, portanto, a tentativa do presidente americano e do secretário de Estado de repercutir a situação brasileira como um "mar de rosas", quando, na verdade, como disse o jornal, havia sinais claros de que o país estava passando por um típico golpe militar: *"oficiais militares exercendo uma dura censura à imprensa, realizando prisões em massa e negociando a idéia de estar impondo um general como presidente contra as determinações da Constituição"*. Por fim, o jornal expressou a opinião de que a saída de Goulart da presidência havia sido um bom negócio, mas criticou o apoio declarado e imediato do governo dos Estados Unidos ao novo regime. Disse:

"As razões para a satisfação de Washington são legítimas. O governo de Goulart era tão ruim que, sob todos os pontos de vista, haverá, no final das contas, sempre um moti-

[70] FO371/174279 - 34786

vo para comemorar. Entretanto, tornar pública tal alegria, ainda antes de a situação ter se esclarecido, passou para o mundo a impressão — completamente equivocada — de que os Estados Unidos tinham alguma coisa a ver com o golpe".

Esta reação da imprensa americana foi comunicada ao governo de Londres por meio do seguinte comunicado da embaixada britânica em Washington[71]:

"EMBAIXADA BRITÂNICA EM WASHINGTON, D.C.
CONFIDENCIAL
11 DE ABRIL DE 1964
Para: Miss P.M. Hutchinson - Departamento Americano, Foreign Office, Londres
De: I.J.M. Sutherland

Tanto o presidente Lyndon Johnson quanto Mr. Rusk têm sido amplamente criticados pela rapidez com que deram boas-vindas à deposição de Goulart e ao advento do novo regime. O editorial do jornal The New York Times, de 7 de abril, descreveu a ação do governo como 'tão precipitada, tão eufórica e tão abertamente partidária, com relação a assuntos internos de uma outra nação, quanto capaz de dar uma outra conotação à palavra diplomacia'. No mesmo dia, o comentarista Arthur Krock afirmou que o presidente teria agido de acordo com os conselhos de Lincoln Gordon, embaixador americano no Brasil, indo contra as sugestões dos assessores do Departamento de Estado. Eu não posso confirmar essa informação, mas um integrante da seção de assuntos brasileiros do Departamento de Estado admitiu, em caráter particular, que o presidente deveria ter aguardado pelo menos a saída de Goulart do Brasil. Nos últimos dias, especialistas do Departamento de Es-

[71] FO 371/174279 - AU103106/9

tado têm expressado crescente preocupação com a dimensão que o novo regime tem alcançado em relação à caça aos comunistas e aos oposicionistas de esquerda, que estão tendo suspensas as suas garantias legais e constitucionais. Eu fui informado hoje de que Lincoln Gordon tem relatado em seus telegramas recentes que também tem a mesma preocupação."

A imprensa americana, de uma maneira geral, manifestou seu apoio à saída de João Goulart e não economizou críticas ao ex-presidente. O jornal "The New York Times", de 3 abril de 1964, classificou João Goulart como "*incompetente e irresponsável*", e fez as seguintes e deprimentes avaliações sobre o Brasil [72]:

"*A situação econômica está mal, a situação fiscal é terrível, o povo está infeliz e impaciente, a classe média está sofrendo intensamente com a inflação e o amadorismo nos negócios está trazendo desemprego*".

A saída para o Brasil naquele momento, segundo o jornal, era fácil de ser apontada, mas muito difícil de ser alcançada. E dizia o porquê: o país precisava de "*estabilidade política, deter a inflação, conquistar uma gradual deflação, trabalho, paz e, sobretudo, uma reforma agrária em larga escala*".

Nessa mesma edição de 3 abril, o "The New York Times" publicou uma reportagem[73] dizendo que a deposição de Goulart significava um duro golpe para a política internacional de Cuba, principalmente nos planos relativos à América Latina. De acordo com o correspondente do jornal em Havana, Juan de Onis, a imprensa cubana classificou os inimigos de Goulart como "imperialistas ianques" e defendeu a tese de que a revolução havia sido "planejada, patrocinada e ordenada por Washington". O mesmo jornal americano publicou outro artigo sobre o golpe brasileiro:

---

[72] FO371/173762 - 33882
[73] FO371/173762 - 33882

"O Exército está demonstrando que é senhor da situação política brasileira. João Goulart é e foi sempre da esquerda. Poderia ser qualificado de socialista de salão. Sua maior desvantagem é a ineficácia sem remédio que demonstrou. Seus inimigos não podem provar que quis fazer passar o Brasil para o campo comunista, mas, sim, que levou o país ao caos."[74]

Herald Tribune

Para o jornal "Herald Tribune", também de 3 de abril, Goulart era um *"político medíocre"* e o seu afastamento foi inevitável. *"Jango inclinou tanto o pêndulo para a esquerda que a direita e o centro se sentiram obrigados a contra-atacar para defender vidas e propriedades"*. E segue o editorial: *"Infelizmente, a mudança veio pela revolta militar, ao invés do processo constitucional normal"*.

The Washington Post

No "The Washington Post", desse mesmo 3 de abril, o editorial aponta Goulart como um *"oportunista imprevisível"* que havia *"se aliado aos comunistas quando lhe fora conveniente"*[75]. O jornal publica, também, uma reportagem[76] sobre as figuras-chaves que poderiam emergir como os novos líderes do *"maior e, potencialmente, mais rico país da América Latina"* após o golpe. A lista da "sucessão" incluía os seguintes nomes e respectivos cargos que ocupavam naquela época: Juscelino Kubitschek, ex-presidente da República; general Amaury Kruel, comandante do II Exército, em São Paulo; Ranieri Mazzilli, presidente interino do país e ex-presidente da Câmara dos Deputados; Ademar de Barros, governador de São Paulo; Jânio Qua-

---

[74] História Documental do Brasil, de Terezinha de Castro, página 405.
[75] FO371/173762 - 33882
[76] FO371/173762 - 33882

dros, ex-presidente da República; Magalhães Pinto, governador de Minas Gerais; e Luís Carlos Prestes, secretário-geral do Partido Comunista Brasileiro[77]

Grã-Bretanha

O golpe militar brasileiro também foi destaque na imprensa britânica. O jornal "The Guardian" estampou manchetes de primeira página por dois dias consecutivos, 1° e 2 de abril. O jornal "The Times" publicou reportagens durante uma semana após o golpe e disse que *"depois da renúncia do presidente Jânio Quadros, João Goulart demonstrou mais aptidão para reforçar o seu poder do que para elaborar uma política construtiva"*[78]. A cobertura, se comparada ao tom da imprensa americana, foi bem mais discreta e chegou a receber críticas da comunidade britânica residente em São Paulo, que acompanhava as transmissões da rádio BBC - British Broadcasting Corporation, de Lon-

[77] Luís Carlos Prestes (1898-1990). Secretário-geral do Partido Comunista Brasileiro - PCB de 1943 a 1980. Era capitão do Exército quando decidiu, em 1924, participar de um movimento de sublevação contra o governo do presidente Artur Bernardes. Vinculando-se à revolta de São Paulo, liderou um grupo de jovens oficiais do Rio Grande do Sul, núcleo original da chamada Coluna Prestes, que nos três anos seguintes percorreu o país de ponta a ponta. Depois de negar apoio à Revolução de 30, Prestes filiou-se ao movimento comunista e viveu em Moscou de novembro de 1931 a dezembro de 1934. Incumbido pela Internacional Comunista de preparar a revolta armada no Brasil, regressou no início de 1935. Nesse momento, foi fundada a Aliança Nacional Libertadora - ANL, cujo lançamento público se deu no dia 30 de março com discurso do estudante de Direito Carlos Lacerda, sugerindo o nome de Prestes para presidente de honra da nova organização. Atuando na clandestinidade após o fechamento da ANL em julho, Prestes comandou o derrotado levante comunista de novembro. Preso em 5 de março de 1936, só foi libertado em abril de 1945. Com o fim do Estado Novo em outubro de 1945 e a redemocratização, foi eleito senador constituinte pelo Distrito Federal, Rio de Janeiro, na legenda do Partido Comunista Brasileiro, mas voltou à clandestinidade depois que o PCB teve seu registro cassado, em maio de 1947. Prestes enfrentou tanto períodos de severa repressão por parte do aparato policial-militar, principalmente a partir do golpe de 64, quanto sérias dissidências dentro do partido. (Fonte: O Salão dos Passos Perdidos - Depoimento ao CPDOC, pág. 95 e 96). Obs.: O Partido Comunista Brasileiro tem página na internet: http://www.pcb.org.br/

[78] História Documental do Brasil, de Terezinha de Castro, página 406

dres para o Brasil. As principais críticas, de acordo com o relatório, de 10 de abril, do Consulado da Grã-Bretanha na capital paulista,[79] foram as seguintes:

(1) A BBC estava muita lenta na cobertura dos fatos e, se comparada com a rádio alemã, mal-informada.

(2) A imprensa tratou a revolta como um golpe militar reacionário típico da América da Latina contra um presidente progressista.

(3) A imprensa e a BBC têm freqüentemente usado o termo "rebelde" para descrever o movimento contrário a Goulart.

(4) A extensão do perigo comunista tem sido ignorada ou mal-estimada.

O relatório segue dizendo que a colônia britânica em São Paulo e, de certa maneira, os paulistas de direita, viam o golpe como um milagre que salvaria o país.

Opiniões divergentes ou informações truncadas, o certo é que nem todos tinham visão do que estava acontecendo. Enquanto a censura militar controlava acesso e divulgação aos fatos internos do país, governos e organizações internacionais tentavam montar um panorama sobre o Brasil para tomar decisões.

A mudança de rumo no cenário brasileiro fez, por exemplo, com que a Grã-Bretanha abandonasse ou, pelo menos, prorrogasse alguns projetos em relação ao Brasil, a maioria por sugestão do próprio embaixador britânico no Brasil, Sir Leslie Fry. Entre os projetos estavam a criação de um centro cultural inglês em Brasília, um programa de intercâmbio de visitas de parlamentares britânicos ao Brasil e de deputados e senadores brasileiros à Inglaterra e o comércio de armas. O governo britânico vinha negociando, desde junho de

[79] FO371/173810 - AB1671/3

1963, a venda de mísseis Seacat para a Marinha do Brasil [80] e considerando a possibilidade de *"convidar militares brasileiros para conhecer as últimas tecnologias de guerra na Grã-Bretanha."* Sobre este assunto, Patricia Hutchinson, do departamento americano do Foreign Office, fez o seguinte comentário em minuta de documento do dia 13 de abril.[81]

"Em virtude do recente golpe no Brasil (...), não estou muito certa se deveríamos exibir as nossas armas mais modernas às Forças Armadas brasileiras, uma vez que não estaremos em condições de oferecer crédito ou se, por qualquer outro motivo, não for possível vender, de fato, essas armas aos brasileiros."

Polônia

Aos poucos, outras embaixadas britânicas começaram a relatar a repercussão do golpe militar no Brasil em diversos países. De Varsóvia, por exemplo, foi enviada, em 6 de abril, a notícia do cancelamento da viagem, de caráter particular, ao Brasil do ministro polonês das Relações Exteriores, Mr. Rapacki. Ele iria receber o título de professor **honoris causa** pela Universidade de São Paulo [82].

No dia 14 de abril, a embaixada britânica em Varsóvia enviou um outro relatório sobre a repercussão dos acontecimentos brasileiros na Polônia, baseado, principalmente, nas críticas publicadas na imprensa contra o novo regime brasileiro.[83]

"EMBAIXADA BRITÂNICA EM VARSÓVIA
CONFIDENCIAL

[80] FO371/173786 - AB1192/1
[81] FO371/173762 - 33882
[82] FO371/173162 - NP103106/1
[83] FO371/177575 - NP103106/2

14 DE ABRIL DE 1964
Para: C. A. Thompson, Departamento do Norte, Foreign Office, Londres
De: R. L. Secondé

A imprensa polonesa tem dedicado espaço e atenção incomuns aos recentes acontecimentos no Brasil. O tom dessa cobertura tem sido de apoio ao ex-presidente Goulart e suas propostas de reformas, e de hostilidade à 'direita brasileira aliada ao grande capital dos Estados Unidos'. Veicula-se que o terror esteja reinando no Brasil. Todos os dias há novas informações sobre prisões e perseguições envolvendo parlamentares e líderes de organizações políticas 'progressistas', além, principalmente, de sindicalistas. A censura, de acordo com a imprensa, está cada vez mais dura e reportagens de correspondentes comunistas, segundo os jornalistas, estão sendo retidas por pelo menos 24 horas.

A extensão e o vigor dessa cobertura são impressionantes se compararmos com o tratamento superficial concedido aos acontecimentos de outras áreas em turbulência, como Malásia ou Camboja, Laos e Vietnã, onde deveria haver um interesse político muito maior, uma vez que a Polônia faz parte da Comissão Internacional da Indochina. Talvez seja exatamente pelo fato de a América Latina não fazer parte dos interesses imediatos que os poloneses não estejam se importando muito em fazer provocações, além, é claro, de usar o momento brasileiro como mais uma oportunidade para atacar os Estados Unidos. Entretanto, é bem possível que os poloneses tenham tido esperanças em estabelecer relações mais próximas com o regime de Goulart e a sua expulsão do cenário político brasileiro talvez os tenha deixado profundamente irritados. A viagem de Mr. Rapacki ao Brasil e o seu conseqüente cancelamento (conforme dito no telegrama de 6 de abril) reforçaria essa teoria.

Estou enviando cópia desta carta para as representações diplomáticas no Rio de Janeiro, Washington, Moscou, Budapeste, Bucareste, Praga e Sofia."

França

Na França, a notícia do golpe também não foi muito bem recebida. O governo francês acompanhou a movimentação dos militares com grande preocupação, de acordo com informações da embaixada britânica em Paris, principalmente porque o presidente Charles De Gaulle estava com viagem marcada ao Brasil, agendada durante o governo de João Goulart. A imprensa francesa divulgou o golpe criticando o reconhecimento imediato do novo regime pelos Estados Unidos e insinuou uma possível atuação de bastidores do governo americano na maquinação do golpe militar, conforme telex enviado ao Foreign Office[84]:

"EMBAIXADA BRITÂNICA EM PARIS
CONFIDENCIAL
15 DE ABRIL DE 1964
Para: R.M.K Slater, Departamento Americano, Foreign Office, Londres
De: P.E. Ramsbotham

Quando estive, há poucos dias, com Jean Jurgensen, encarregado de negócios da América do Quai d'Orsay[85], eu o achei bastante preocupado com os recentes acontecimentos no Brasil, que estão sendo acompanhados com grande atenção pelo governo francês. Logo no início da conversa, Jurgensen disse que me enviaria cópia de um relatório que havia

---

[84] FO371/17362 - AB1015/60

[85] *Quai d'Orsay,* cais de Paris em que se ergue o Ministério das Relações Exteriores. O *Quai d' Orsay* dispõe de uma bela página na internet: http://www.france.diplomatie.fr/q_orsay/index.html

preparado analisando a situação. O relatório foi provavelmente feito, a princípio, para o Elysée[86]*. Apesar de ser de 7 de abril e, portanto, de uma semana atrás, parece representar de forma justa o que aconteceu, mas traz críticas aos americanos pela rapidez em parabenizar o novo governo.*

A imprensa francesa também tem criticado bastante a rápida e efusiva recepção do governo dos Estados Unidos e vem insinuando uma participação dos americanos na elaboração do golpe de estado. Jean Jurgensen não foi tão longe assim, mas ele chamou a atenção para o fato de que a mudança de regime e a subseqüente eleição do general Castelo Branco dificilmente poderiam ser consideradas constitucionais. Felizmente, a conduta diplomática francesa não exige o reconhecimento do novo regime. Jurgensen me pareceu muito mais preocupado com os sinais de que o presidente Lyndon Johnson estaria abandonando as políticas de tolerância do governo Kennedy em relação à América Latina. A recente indicação de Mr. Mann para o Departamento de Estado sugere que a ajuda americana, ao invés de subordinada às reformas sociais (e, se necessário, socialistas), seria, de agora em diante, condicionada ao desempenho do país em termos de medidas anticomunistas e anti Fidel Castro.

Eu disse que duvidava muito que tivesse ocorrido uma mudança de foco tão marcante na política americana. Seja qual for o comentário sobre a reação inicial dos Estados Unidos, eu tenho notado que o governo americano tem se mostrado muito mais cuidadoso ao comentar o desenvolvimento dos fatos no Brasil. Aliás, eu tenho me perguntado se a postura crítica que os franceses aparentam ter adotado não seria uma certa decepção pelo fato de a mudança do regime ter ocorrido alguns meses antes da viagem do general De

---

[86] *Elysée.* Eliseu, palácio de Paris, sede da presidência da República.

Gaulle ao Brasil, onde, sob o comando do presidente Goulart, talvez encontrasse uma recepção mais calorosa às suas políticas para o Terceiro Mundo do que venha a encontrar agora com o presidente Castelo Branco.

Jurgensen, claro, negou isso, ressaltando que o general Castelo Branco havia sido aluno da École Militaire[87]*, que Lacerda havia tido educação francesa e que ambos viam a França com bons olhos. Entretanto, não é difícil imaginar que o general De Gaulle esteja irritado pelo fato de o golpe ter levado o Brasil a adotar de novo políticas mais pró-América e talvez não saiba agora, pelo fato de estar no México, se será recebido como o campeão da independência e do progresso.*

A primeira indicação dessa atitude francesa foi dada no dia seguinte ao golpe, quando Couve de Murville[88] *falou numa reunião privada do Comitê de Assuntos Exteriores da Assembléia Nacional francesa. Ele teria dito, de acordo com fonte segura, que a situação no Brasil poderia ter sido prevista, porque o país 'ainda não tinha tido sua grande revolução e os Estados Unidos colocam no país todo o peso de seu poder econômico'. Houve, subseqüentemente, um desmentido oficial informando que Couve não teria falado dessa maneira. Mas não há dúvidas de que ele usou tais expressões, o que foi confirmado posteriormente, uma semana depois, quando fez um discurso semelhante durante um almoço na Embaixada dos Estados Unidos, a propósito da passagem de Harriman por Paris.*

Estou enviando cópias desta carta para Killick, em Washington, Burroughs, no Rio de Janeiro e Wright, na De-

---

[87] *École Militaire.* Escola Militar francesa, equivalente à Escola Superior de Guerra do Brasil.

[88] Maurice Couve de Murville, embaixador e, por seis vezes, ministro das Relações Exteriores da França, de 1° de junho de 1958 a 31 de maio de 1968. Fonte/Internet: http://www.france.diplomatie.fr/q_orsay/archives/expo/130/index.html

legação da Grã-Bretanha na Organização do Tratado do Atlântico Norte-Otan.

União Soviética

Em Moscou, a reação não foi das melhores. A imprensa, de acordo com a embaixada britânica, fez extensa cobertura do golpe brasileiro, criticando as ações do novo governo, como as prisões de políticos e jornalistas [89]. A agência soviética de notícias, **Tass**, apontou os Estados Unidos como o principal patrocinador da derrubada do governo João Goulart [90]. A embaixada britânica em Moscou relatou assim a repercussão do golpe entre os soviéticos:

"EMBAIXADA BRITÂNICA EM MOSCOU
CONFIDENCIAL
17 DE ABRIL DE 1964
Para: A. D. Parsons, Departamento Americano, Foreign Office, Londres
De: B. L. Crowe

A imprensa soviética tem feito cobertura diária das notícias sobre o golpe que derrubou o presidente Goulart.

As reportagens têm sido corretas, mas revelam um certo tom de alarme à medida que os fatos vêm acontecendo. Com manchetes como "A situação no Brasil continua tensa", as reportagens têm criticado as prisões de personalidades políticas e de jornalistas socialistas, a cassação dos mandatos de parlamentares e outras ações dos novos governantes. O imediato reconhecimento do novo governo pelos Estados Unidos e o possível interesse de empresas capitalistas oci-

[89] FO371/173763 - AB1015/65
[90] FO371/173761 - 33500

dentais, como a Volkswagen e companhias americanas de petróleo, em investir no país sob o comando do novo regime têm sido vistos como uma perspectiva ruim para o futuro.

Essas reportagens não estão sendo acompanhadas, ainda, de nenhum comentário, mas elas indicam uma séria preocupação soviética com o que tem acontecido. Os russos viam claramente o Brasil como um ponto estratégico para disseminar influências de esquerda na América do Sul, mas o golpe do general Castelo Branco abalou essa esperança, pelo menos no momento.

Estou enviando cópia desta carta para o Rio de Janeiro e Washington."

Argentina

O golpe brasileiro foi discutido intensamente entre os argentinos, que chegaram a comparar a deposição de João Goulart com a queda de Perón[91]. De Buenos Aires, a embaixada britânica enviou a seguinte mensagem:[92]

[91] Juan Domingo Perón (1895-1974). Militar e político argentino. No posto de coronel e como secretário de Guerra, foi um dos chefes do movimento que determinou, em 1943, a queda do presidente Ramón S. Castillo. Organizou e dirigiu a Secretaria do Trabalho e Previsão. Em 1944 foi nomeado ministro da Guerra e logo a seguir atingiu a vice-presidência da República. Um movimento militar levou-o à prisão na Ilha de Martín García, por duas semanas. Em 1946 elegeu-se presidente da Nação e em 1951 reelegeu-se, mas foi deposto pelos militares, que não aceitaram suas reformas radicais nas áreas social e econômica. Perón se asilou no Paraguai. Seu programa de governo era divulgado como instrumento capaz de tornar a Argentina "socialmente justa, economicamente livre e politicamente soberana", e possibilitava maior participação dos trabalhadores na vida social e política do país. A esse programa foi dado o nome de Justicialismo, chegando a ser referendado pelo Congresso, que o proclamou "Doutrina Nacional". Em 1973, Perón é eleito mais uma vez presidente e morre em 1974, assumindo a Presidência sua vice — e terceira esposa — María Estela Martinez de Perón. De seu nome advém o termo Peronismo, similarmente a Getulismo e Janguismo.

[92] FO371/1737162 - AB1015/53

"EMBAIXADA BRITÂNICA EM BUENOS AIRES
RESTRITO
7 DE ABRIL DE 1964
Para: J.N.T. Spreckley, Departamento Americano, Foreign Office, Londres
De: K.G. MacInnes

REAÇÕES NA ARGENTINA SOBRE A RECENTE CRISE NO BRASIL

O interesse público foi muito grande e os jornais e as rádios fizeram ampla cobertura. O governo fez pelo menos uma reunião de emergência. O ministro das Relações Exteriores teve que cancelar, na última hora, um jantar em homenagem à "Shakespeare Festival Company", no dia 2 de abril.

Até onde se pode julgar, havia uma considerável simpatia pelo Sr. Goulart entre os políticos de esquerda e de centro-esquerda, incluindo o partido do governo, UCRP, mas a opinião geral é a de que o presidente foi longe demais. A direita ficou extremamente satisfeita e o jornal "La Prensa" publicou um editorial comparando a derrubada de Goulart com a queda de Perón em 1955.

O governo continua em silêncio, com exceção apenas para o anúncio de que tropas foram enviadas para a fronteira com o Brasil, como medida de precaução. No dia 3 de abril, um comunicado do Ministério do Exterior confirmou o recebimento de Nota do embaixador brasileiro comunicando a mudança de governo. Não foi observada nenhuma crítica a esta ação."

Venezuela e México

Se em alguns países a reação negativa ao golpe ficou restrita principalmente a manifestações da imprensa ou a protestos isolados, em outros provocou medidas mais extremas. Os governos da Venezuela e do México, por exemplo, foram além e romperam relações diplomáticas com o Brasil. Durante o rompimento com a Venezuela, o Brasil teve seus interesses protegidos naquele país por um acordo com o governo do Canadá [93] .Este telegrama enviado pela embaixada britânica na Cidade do México mostra como circulavam as informações [94]:

"EMBAIXADA BRITÂNICA NA CIDADE DO MÉXICO
CONFIDENCIAL
18 DE ABRIL DE 1964
Para: Departamento Americano, Foreign Office, Londres
De: Mr. Cheetham

O embaixador brasileiro revelou a um funcionário desta embaixada, em estrita confiança, que ele foi avisado pelo ministro das Relações Exteriores do México de que o governo mexicano romperá relações diplomáticas com o Brasil dentro de alguns dias. O embaixador brasileiro acredita que, se isso acontecer, o governo mexicano ficará impossibilitado de dar proteção aos refugiados que se encontram na embaixada do México no Brasil. Ele acredita que o motivo da atitude mexicana tenha sido ressentimento pelo fato de os brasileiros não terem apoiado a tentativa de transferir a discussão sobre a situação de Cuba da Organização dos Estados Americanos-OEA para as Nações Unidas[95]. Ele acrescentou que o Brasil romperá, em breve, relações com Cuba.

A mudança de regime no Brasil, é claro, aumentou imensamente o isolamento do México na questão cubana, além de outros assuntos. O presidente mexicano deve estar,

---

[93] FO371/174357 - AV103106/4
[94] FO371/174158 - AK103106/1
[95] Em 1964, o México se negou a apoiar a decisão da Organização dos Estados Americanos - OEA de romper relações diplomáticas com Cuba, e os Estados Unidos cancelaram o seu programa de aceitação de trabalhadores temporários mexicanos.

sem dúvida alguma, sob pressão da esquerda para não tomar atitude diferente da prática mexicana em casos de golpes militares. O governo mexicano já havia anunciado, em 12 de abril, que o embaixador no Brasil estava sendo afastado do cargo para ocupar uma posição até então vaga no Ministério das Relações Exteriores. Esta atitude foi interpretada como uma típica manobra do presidente para fazer ver à esquerda que a transferência significava desaprovação e para o público em geral, um ato sem qualquer teor político. Tudo indica que essa posição ambígua tenha se mostrado insustentável.

Por outro lado, a embaixada dos Estados Unidos (que ainda não está ciente das informações do meu colega brasileiro) relembra que o presidente americano Lyndon Johnson anunciou total aprovação à mudança do regime brasileiro e duvida que o governo mexicano arriscaria provocar uma grave ofensa aos Estados Unidos.

Favor enviar cópia para Washington, Rio de Janeiro e Havana."

Cuba

A posição de Cuba era a mais delicada, por haver sido acusada pelo novo regime de interferir nos assuntos internos do país. O embaixador britânico no Brasil, Sir Leslie Fry, confirmou, em telegrama de 9 de abril, que o embaixador cubano e sua família haviam deixado o Rio de Janeiro no dia 4 de abril. Além disso, relatou que, segundo o Departamento de Polícia Política do Estado da Guanabara, a embaixada cubana no Rio estaria envolvida em atividades subversivas.[96] Mas foi a embaixada canadense em Havana que produziu um relatório, em 15 de abril de 1964, sobre a repercussão do golpe em Cuba.[97] A essa altura,

[96] FO371/174021 - AK 103106/2
[97] FO371/174021 - AK 103106/8

Cuba, que havia sido expulsa da Organização dos Estados Americanos, em 1962, sofria a iminência de um bloqueio comercial de grandes proporções liderado pelo governo americano.

"EMBAIXADA CANADENSE EM HAVANA
CONFIDENCIAL
15 DE ABRIL DE 1964

REAÇÃO CUBANA AOS ACONTECIMENTOS NO BRASIL

O regime de Fidel Castro recebeu com grande consternação a derrubada do governo de Goulart. A posição do Brasil vinha representando o mais forte obstáculo à adoção de uma dura resolução pela Organização dos Estados Americanos - OEA contra Cuba e favorável aos Estados Unidos e Venezuela. Isso acontecia em função do tamanho e importância do Brasil, e, também, por causa da eficiência do seu serviço diplomático. A imprensa cubana vinha demonstrando crescente apoio ao presidente João Goulart nas semanas que antecederam a revolta militar.

Logo depois do golpe contra Goulart, a imprensa considerou os líderes militares brasileiros como fascistas e nazistas que agiam com o apoio da CIA e do Pentágono. A imprensa acreditava no sucesso do presidente e deu destaque à sua declaração de que iria lutar até o fim. Quando Goulart deixou o país em direção ao Uruguai, a imprensa publicou com destaque uma entrevista com o sobrinho de Goulart, que tinha acabado de chegar a Cuba, vindo do II Congresso Latino-Americano da Juventude, no Chile. Foi publicada, também, uma entrevista muito emocionada com a esposa de Francisco Julião, líder das Ligas Camponesas, que estava em Havana visitando seus quatro filhos, que estudam aqui com bolsas de estudo do governo cuba-

no. Ao considerar a amargurada cobertura jornalística, é possível que Fidel Castro venha a emitir declaração condenando o golpe brasileiro. O regime de Castro, entretanto, parece estar agindo com precaução a esse respeito, e nós até podemos imaginar que ele não deve ter intenção de romper relações com o Brasil, a não ser para se antecipar à decisão brasileira de romper com Cuba.

Apesar das reportagens indignadas sobre a repressão aos movimentos de esquerda no Brasil — e de manchetes com a decisão de Brizola de resistir ao golpe e sobre a instalação de bombas em cidades brasileiras — a imprensa parece não estar preparada para divulgar comentários de políticos brasileiros a respeito do rompimento das relações diplomáticas com Cuba ou, ainda, anunciar a saída do embaixador cubano do Brasil.

É muito difícil julgar, daqui de Havana, se o Brasil vai romper relações com Cuba. Mesmo que isso não aconteça, é bem provável que o governo brasileiro venha a se afastar um pouco do regime de Fidel Castro. Se houver o rompimento, Cuba vai sofrer sérias conseqüências. Os Estados Unidos poderiam, por exemplo, pressionar o Uruguai para que adote, também, o rompimento. O México tem revelado sua intenção em manter posição formal e não romper relações diplomáticas com Cuba; entretanto, está relutante em tomar qualquer atitude que possa prejudicar laços mais importantes com os Estados Unidos. Sua atitude "correta" em relação a Cuba poderia ser a de se tornar menos amigável e, por isso, talvez não se empenhe muito para impedir a Resolução da OEA, que, no fundo, desaprova. (...)

Apesar do que possa vir a acontecer em termos diplomáticos contra Cuba, o golpe no Brasil representou um ataque psicológico à autoconfiança cubana e, certamente, deve ter encorajado uma política ainda mais dura dos Estados Unidos em relação ao regime daqui."

Visão Geral da América Latina

Um relatório do Departamento Americano do Foreign Office oferece uma visão geral da repercussão do golpe militar brasileiro entre países da América Latina, dentro da perspectiva do governo britânico:[98]

"ATITUDES DE PAÍSES LATINO-AMERICANOS EM RELAÇÃO AO NOVO REGIME NO BRASIL
22 DE ABRIL DE 1964

Em termos interamericanos, a mudança de governo no Brasil não está indo tão bem quanto o governo dos Estados Unidos talvez tivesse esperado. Manifestações de boas-vindas não são unânimes.

Venezuela e Costa Rica são os principais defensores da doutrina de que governos ilegítimos não devem ser reconhecidos. A Costa Rica aderiu a esta doutrina há alguns anos; a "Doutrina Betancourt" é mais recente. Os dois governos vêm trabalhando há alguns meses por uma reunião dos ministros das Relações Exteriores na OEA para discutir essa questão da democracia representativa na América Latina (de alguma forma para o constrangimento dos Estados Unidos). Mas, na questão específica do Brasil, eles tomaram caminhos opostos. O governo da Costa Rica reconheceu o novo regime; é possível presumir que isto tenha ocorrido, talvez, sob certa pressão dos americanos, que o convenceram com a tese de que a mudança fora constitucional e, portanto, o reconhecimento não violaria tal princípio. O governo da Venezuela, por outro lado,

---

[98] FO371/173772 - AB1024/2

rompeu relações com o Brasil. Esta talvez tenha sido uma decisão difícil para os venezuelanos, que agora estão esperando o apoio brasileiro a ações mais drásticas da OEA contra Cuba. De fato, há evidências de que o governo brasileiro esteja considerando o rompimento das relações com Cuba. (O ministro das Relações Exteriores de Cuba, entretanto, está confiante de que isso não acontecerá).

O governo mexicano ainda não anunciou sua posição. Há evidências de que esteja considerando o rompimento das relações com o Brasil num futuro próximo. Isto não faz muito sentido. Ao contrário dos venezuelanos e costarriquenhos, os mexicanos não são prisioneiros de uma doutrina puritana. De fato, a sua própria 'Doutrina Estrada' é extremamente flexível e lhes permite fazerem exatamente o que lhes convém, em qualquer situação. Desta maneira, eles mantêm relações com a Guatemala e o Equador, mas não com a República Dominicana e Honduras. É bem verdade que a mudança de governo no Brasil não é muito bem-vinda aos mexicanos, uma vez que os deixará isolados na OEA em questões como as de Cuba. Mas, com exceção do desabafo, da afirmação de independência dos Estados Unidos e de acenar para a extrema-esquerda, o rompimento com o Brasil não lhes trará nada de bom.

O resultado disso tudo é que as questões morais da América Latina estão mais confusas e sem esperanças do que nunca."

Rompimento Brasil – Cuba

No dia 13 de maio, o governo brasileiro confirmou o rompimento das relações diplomáticas com Cuba. O Foreign Office arquivou tradução do documento enviado pelo Ministério das Relações Exteriores do Brasil ao governo cubano.[99] O texto informa que a decisão foi tomada pelo governo brasileiro por não permitir atividades comunistas no território nacional. O documento afirma, também, que o governo cubano violou o princípio da não-intervenção estabelecido pela Organização dos Estados Americanos-OEA ao se infiltrar em assuntos internos de países americanos e tentar disseminar *"doutrinas subversivas através de intensa propaganda ideológica"*. Ainda de acordo com o texto, *"essa interferência em assuntos internos não poderia mais ser tolerada, pois se caracterizava como uma ameaça à ordem pública e uma ofensa aos sentimentos nacionais, reafirmados agora com a vitoriosa revolução."*

Hungria

Além da situação cubana, o golpe militar também trouxe conseqüências internas que afetaram diretamente as relações do Brasil com outros países. A representação diplomática da Hungria no Rio de Janeiro, por exemplo, acusada de atividades subversivas no país, foi invadida por oficiais militares brasileiros, em 4 de abril, conforme relato do embaixador Leslie Fry. [100] Resultado da ação dos militares: portas de segurança arrombadas a tiros de metralhadoras, arquivos removidos e documentos confiscados. Os disparos foram confirmados, inclusive, por um funcionário da própria embaixada britânica, J.A.L. Morgan, que morava perto do prédio da representação da Hungria e acrescentou, em nota pessoal ao Foreign Office, que *"além da retirada dos papéis, os militares saquearam quadros e danificaram vários móveis."*[101]

[99] FO371/174021 - 34722
[100] FO371/173762 - AB1015/47
[101] FO371/173762 - 3382

O fato repercutiu em Budapeste e foi relatado pelo embaixador britânico na Hungria:[102]

"EMBAIXADA BRITÂNICA EM BUDAPESTE
CONFIDENCIAL
7 DE MAIO DE 1964
Para: C.A. Thompson, Departamento do Norte, Foreign Office, Londres
De: H.M Carless

Eu tenho recebido algumas informações dos brasileiros aqui sobre a reação húngara à invasão da representação da Hungria no Rio de Janeiro.

No dia seguinte ao do ataque à representação e do saque dos seus papéis e objetos, o ministro do Exterior convocou o encarregado de negócios brasileiros aqui para uma reunião e disse que, se os seus compatriotas não devolvessem os documentos confiscados, os húngaros iriam saquear a representação brasileira em Budapeste (como se sabe, os húngaros são muito bons em reciprocidade). Nas duas semanas seguintes, a ameaça foi repetida três vezes ao encarregado. Entretanto, apesar das ameaças, os húngaros não cometeram nenhuma ação contra a representação brasileira. Nós acreditamos que os húngaros no Rio tenham recebido de volta o que lhes foi tomado.

Durante todo esse tempo, o embaixador brasileiro na Hungria esteve no Brasil, acompanhando Karadi, o vice-ministro húngaro para o Comércio Exterior, que foi convidado para reuniões de negócio. Karadi retornou a Budapeste imediatamente depois do golpe brasileiro, mas Manuel Brandão decidiu, evidentemente, não voltar para cá até que o clima fique mais ameno.

---

[102] FO371/177541 - NH103106/1

Segunda maior colônia húngara no exterior — a primeira é Cleveland, nos Estados Unidos, com 100 mil — São Paulo tem cerca de 60 mil húngaros, e lá está acontecendo uma exposição magiar, aparentemente bem-sucedida, nos últimos dois meses. A representação húngara no Rio deve ter tido, portanto, ampla liberdade de ação para subversão e, sem dúvida, fizeram todo o tipo de estripulias. Nós ficaríamos interessados em saber o que os brasileiros descobriram sobre as atividades húngaras no Rio, caso você fique sabendo de alguma coisa. Como resultado desse incidente, as relações entre os dois países talvez fiquem estremecidas por algum tempo.

Estou enviando cópia desta carta para Ronnie Burroughs no Rio de Janeiro."

Tchecoslováquia

Outro fato que também repercutiu diretamente na Europa foi a prisão de um funcionário da embaixada da Tchecoslováquia — que, em 1993, dividiu-se em duas Repúblicas independentes: Eslováquia e República Tcheca — no Rio de Janeiro, acusado de espionagem. A embaixada britânica no Brasil registrou o ocorrido:[103]

"EMBAIXADA BRITÂNICA NO RIO DE JANEIRO
RESTRITO
20 DE MAIO DE 1964
Para: Miss P. M. Hutchinson, Departamento Americano, Foreign Office, Londres
De: J.A.L. Morgan

No dia 14 de maio a polícia política brasileira prendeu Mr. Zdenek Kvita, segundo-secretário da embaixada da Tche-

[103] FO371/173815 - AB1901/3

coslováquia. Ele foi detido quando recebia falsos documentos secretos numa operação planejada para prendê-lo. As autoridades de contra-espionagem alegam que estavam acompanhando as atividades de Kvita há oito meses, havendo informações de que, no dia anterior à sua prisão, ele teria pago um milhão de cruzeiros por um passaporte brasileiro em branco.

Kvita foi liberado logo em seguida e declarado persona non grata. *Ele partiu para Praga em 19 de maio. O embaixador tcheco, Mr. Miroslav Hruza, protestou junto ao ministro das Relações Exteriores e negou que Kvita estivesse envolvido em atividades de espionagem. Mais tarde ele alegou que o incidente teria sido criado para iniciar uma campanha de difamação contra a Tchecoslováquia. No dia 19 de maio, o jornalista Miroslav, correspondente da agência de notícias CTK, foi detido sob a acusação de exercer atividades subversivas, mas liberado logo depois de interrogatório.*

O fim da missão do embaixador tcheco no Rio e o seu retorno a Praga já haviam sido anunciados antes desses acontecimentos, entretanto, a imprensa local, erroneamente, tem associado a sua saída do país com o incidente de Kvita.

Estou enviando cópia desta carta para a embaixada em Praga."

De acordo com carta da embaixada britânica em Praga, o novo embaixador tcheco no Brasil, Mr. Ladislav Kocman, foi anunciado no dia 5 de junho. A substituição mereceu os seguintes comentários de S. W. Martin, do Foreign Office[104]:

"A indicação do novo embaixador tcheco no Brasil, logo depois da revolução, é curiosa. Talvez pelo fato de Cuba estar fora do caminho, a Tchecoslováquia esteja ansio-

---

[104] FO371/173815 - AB1901/5

sa para se tornar a maior liderança comunista representada no Rio de Janeiro".

Deportação de Portugueses e Angolanos

A ameaça de deportação de estudantes angolanos e portugueses pelo regime militar brasileiro também acabou repercutindo na Europa. Naquele momento, Portugal vivia a ditadura de Antônio Salazar e lutava contra a independência de Angola, uma de suas colônias na África. A União dos Estudantes da Universidade de Londres, representando 25 mil universitários, escreveu uma carta ao Foreign Office pedindo que o governo britânico interferisse na deportação dos estudantes estrangeiros do Brasil e aproveitou a oportunidade para criticar o novo regime por ter fechado a União Nacional dos Estudantes-UNE. A carta dos estudantes ingleses apontava os seguintes nomes que estariam sendo ameaçados de deportação: José Azevedo, Fidélis Cabral, Fernando Andrade, Paul Ewane e Christophe Morais. Neste grupo, segundo a carta assinada por David Anderson-Evans, em 26 de maio, alguns eram refugiados políticos que sofriam o risco de serem presos, torturados ou mortos, caso retornassem aos seus países.

China

Em meio ao extenso noticiário internacional, um fato acabou tendo uma repercussão extraordinária: a prisão de nove chineses — jornalistas e integrantes da Missão Comercial Chinesa no Brasil — no dia 4 de abril, conforme relatório confidencial da embaixada britânica no Rio[105]. Autoridades brasileiras teriam anunciado que grande quantidade de mate-

---

[105] FO371/173773 - AB103110/8

rial subversivo havia sido apreendida, além de uma lista com nomes de personalidades brasileiras que seriam assassinadas.

Essas informações, conforme o relatório britânico, não foram confirmadas. Tudo que se viu foram fotografias do líder comunista chinês Mao Tsé-tung. Os chineses ficaram detidos na polícia política do Estado da Guanabara e teriam entrado em greve de fome com a ameaça de extradição forçada para Formosa. O relatório aponta os nomes dos chineses: os jornalistas da agência de notícias Sinhua (Nova China) Wang Wei-chen e Chu Ching-feng, e os integrantes da missão comercial chinesa no Brasil Wang Yao-ting, Ma Yao-tseng, Su Tsu-ping, Chang Pao-sheng, Wang Chih, Sung Kuei-pao e Hou-Fa-tseng, líder do grupo avançado para a preparação de uma exibição sobre economia e comércio chineses no Brasil.

O fato mereceu destaque na imprensa chinesa, conforme telegrama da embaixada britânica em Pequim[106] e foi classificado como "atrocidade", "violação dos direitos humanos" e "armação do imperialismo americano".

Prisão dos Chineses: Mau Negócio

Os jornais da Indonésia, de acordo com informações da embaixada britânica em Jacarta[107], também destacaram a prisão dos chineses e informaram que várias organizações pró-comunistas haviam protestado contra a ilegalidade da ação e acusaram o governo brasileiro de estar torturando os prisioneiros.

Outro documento[108] da embaixada britânica no Rio de Janeiro informa que uma comissão, formada pelo embaixador do Paquistão, o presidente da Ordem dos Advogados do Brasil - OAB e o presidente da Cruz Vermelha Brasileira, visitou

---

[106] FO371/173773 - AB103110/6
[107] FO371/173763 - AB1015/74
[108] FO371/173773 - AB103110/15

os chineses no dia 22 de abril e negou que os prisioneiros estivessem sofrendo maus tratos.

Mas o caso não parou aí: o governo chinês lançou campanha internacional para forçar a libertação dos prisioneiros. Um documento assinado por 12 corporações comerciais da China foi distribuído para cerca de 1700 organizações e empresas em 70 países, solicitando apoio da comunidade internacional junto ao governo brasileiro. Vários empresários ingleses, que movimentavam grandes negócios com a China[109] — como, por exemplo, a importação de chá — escreveram para o governo inglês, temendo uma possível represália chinesa. Para o Foreign Office a campanha não passou de uma *"extensiva propaganda política do governo comunista da China"*. A questão, em si, foi considerada essencialmente como um problema entre os governos brasileiro e chinês no qual a Grã Bretanha não deveria interferir.

Na Alemanha, a reação chinesa também repercutiu na imprensa[110]. Vários empresários alemães se viram obrigados a aderir a um abaixo-assinado ou a enviar telegramas de apoio para evitar possíveis complicações comerciais, no futuro, com a China. O jornal "Rheinische Post" publicou um artigo alegando que o governo chinês estava com medo de que os documentos encontrados comprovassem a prática de atividades subversivas e que os prisioneiros viessem a falar o que não deveriam. *"Isto seria particularmente desagradável para Pequim porque os prisioneiros sabiam muito sobre as articulações dos chineses vermelhos no exterior. Afinal de contas, o Brasil era o centro das atividades subversivas dos chineses comunistas na América Latina"*, especulou o jornal alemão.

---

[109] FO371/173773 - 34249
[110] FO371/173774 - AB103110/25

Quase nove meses depois, em 22 de dezembro, os chineses foram julgados pelo Tribunal Militar e condenados a 10 anos de prisão por conspiração contra a segurança nacional. De acordo com documento secreto da embaixada britânica no Rio de Janeiro, durante o julgamento o advogado de defesa dos chineses, o veterano jurista Sobral Pinto[111], insistia na tese de que os documentos apreendidos eram forjados. O relatório britânico admite que o julgamento pode ter sido uma farsa preparada pelo governo brasileiro e sugere que havia um interesse especial dos Estados Unidos pelo caso. "*Com certeza, esse fato caiu do céu para os americanos demonstrarem aos chineses comunistas que eles não são bem-vindos neste hemisfério*", concluiu o relatório. A sentença foi notícia de primeira página nos jornais de Pequim.[112].

---

[111] Heráclito Fontoura Sobral Pinto (1893-1991) bacharelou-se pela Faculdade de Direito do Rio de Janeiro em 1918. De 1924 a 1928 foi procurador criminal da República, assumindo em seguida o cargo de procurador-geral do Distrito Federal, então no Rio de Janeiro. Em 1928 ingressou no Centro Dom Vital, associação civil fundada em 1922 por Jackson Figueiredo, com assistência de Dom Sebastião Leme, com o objetivo de estudar e discutir o apostolado da doutrina da Igreja. Em 1933 aderiu à Liga Eleitoral Católica, fundada com o fim de orientar os católicos na escolha dos deputados constituintes de 1934. Tendo tido atuação destacada na defesa de Luís Carlos Prestes e Harry Berger, tornou-se internacionalmente conhecido. Após o movimento de 31 de março de 1964, criticou ostensivamente a ordem política então implantada e assumiu a defesa de vários acusados de crimes políticos, especialmente a partir da decretação do AI-5, de 13 de dezembro de 1968, ocasião em que esteve inclusive preso por alguns dias.

[112] FO371/173774 - AB103110/38

SUBVERSÃO À BRASILEIRA

"No Brasil, por ser o Brasil, e considerando o passado não muito inspirado da liderança tática do PCB, não é surpresa que existam grupos comunistas dissidentes. Não só existe uma facção de esquerda dentro do próprio PCB, como há um partido comunista totalmente separado, denominado de maneira confusa - PC do B, que apóia a linha chinesa."

Embaixador Leslie Fry
24 de fevereiro de 1964

No início da década de 60, a divisão do mundo em dois blocos ideológicos e econômicos requentavam uma guerra fria. De um lado os americanos, do outro os soviéticos, e no meio, todo o resto. O império britânico, que tinha influências e negócios em jogo nos quatro cantos do planeta, estava sempre alerta para qualquer sinal **vermelho**. O comunismo era considerado o grande fator de subversão. Significava destruição e transformação da ordem política, social e econômica estabelecida pelas potências ocidentais.

O governo britânico, como fazia em quase todos os países, vinha acompanhando com atenção redobrada qualquer atividade política que pudesse vir a ser considerada de esquerda. O Brasil, em face da crescente movimentação de simpatizantes das doutrinas socialista e comunista, era alvo de cuidados especiais, principalmente diante da sua enorme expressão geográfica, econômica e estratégica no continente americano. Prova disso são os documentos reunidos neste capítulo, que impressionam pela riqueza de detalhes e universalidade. Um deles é um grande painel, pretensamente definido em seu próprio título: "O Comunismo no Brasil". Mais adiante está o que os britânicos chamaram de "lista negra" dos políticos brasileiros, que tiveram mandatos e cargos cassados e/ou direitos políticos suspensos. Um verdadeiro "Who is Who" ("Quem é Quem") do que constituiria o universo subversivo do país. Os diplomatas britânicos trabalharam duro para manter o governo de Sua Majestade permanentemente bem-informado.

O Comunismo

Mais de um mês antes do golpe militar, o embaixador britânico no Brasil enviou um extenso relatório sobre o comunismo no Brasil. Partidos, nomes e principais linhas de ação foram descritos em detalhes neste documento confidencial, produzido em 18 de fevereiro de 1964, e distribuído exclusivamente para departamentos do Foreign Office e o gabinete dos ministros (Whitehall):

"CONFIDENCIAL [113]
ESTE DOCUMENTO É DE PROPRIEDADE DO GOVERNO DE SUA MAJESTADE BRITÂNICA
Para distribuição no Foreign Office e Whitehall
Brasil, 24 de fevereiro de 1964
COMUNISMO NO BRASIL
De Sir Leslie Fry para Mr. R.A. Butler
(Recebido em 24 de fevereiro)

RESUMO

As organizações no Brasil que poderiam ser designadas "Comunistas", de acordo com o significado mais ortodoxo do termo, são as seguintes:

(a) *Partido Comunista Brasileiro (PCB), ilegal, que segue a linha de "revolução pacífica" recomendada por Moscou. Depois de algumas táticas ineptas nos últimos anos, o partido está ativo entre trabalhadores e estudantes.*

(b) *Partido Comunista do Brasil (PC do B), que apóia a linha chinesa de "luta armada" e se inspira na Revolução Cubana.*

(c) *Ligas Camponesas, principais forças subversivas no Nordeste do Brasil.*

---

[113] FO/173767 - 34214

Os motivos de a influência comunista ser maior do que o pequeno número de filiados do partido podem ser os seguintes:

(I) *no Brasil, comunismo é confundido com outros movimentos socialistas;*

(II) *ainda é modismo para os intelectuais se considerarem marxistas;*

(III) *o movimento antiamericano permite aos comunistas se unirem aos nacionalistas; e*

(IV) *sobretudo, os comunistas têm conseguido penetrar em todos os níveis do governo e o movimento tem muito mais simpatizantes do que adeptos de fato. Conseqüentemente, os comunistas influenciam uma parcela significativa do eleitorado.*

O PCB tem declarado o seu apoio ao Sr. Arraes para as eleições de 1965 e existe a possibilidade de o partido reconquistar sua legalidade.

O Comunismo no Brasil, como movimento, não sofreu muito com as divisões indicadas acima e representa uma considerável força política.

Rio de Janeiro, 18 de fevereiro de 1964.

No 6° parágrafo do meu Comunicado n° 90, de 22 de setembro de 1963, enviei minhas primeiras impressões sobre o comunismo no Brasil e suas diversas manifestações. A tarefa foi muito mais complexa do que eu imaginava. Neste país, o termo "comunismo" cobre uma variedade tão grande de visões que é freqüentemente utilizado pela direita para descrever qualquer política vagamente socialista. Para piorar a situação, existem muitos brasileiros que se consideram de esquerda ou mesmo marxistas, mas que no Reino Unido seriam vistos apenas como rosa claro, se tanto; e mesmo na esquerda genuína existem facções. Neste comunicado, portanto, tenho a honra de submeter algumas observações somente sobre os movimentos que são comunistas, dentro da concepção ortodoxa do termo, e proponho que deixemos de lado as ramificações mais exóticas.

Para os ortodoxos, o Partido Comunista Brasileiro (PCB) é motivo de orgulho. O partido é ilegal e tem sido assim durante toda a sua história, com exceção apenas de dois anos (1945 a 1947). Mas, no Brasil, ilegalidade raramente constitui impedimento. Isto, obviamente, afeta o PCB apenas na hora de lançar candidatos próprios nas eleições. Em todos os outros aspectos, o PCB opera livremente e tem tido acesso a quase todas as esferas da vida brasileira. Não se sabe ao certo o número de afiliados, mas deve ser algo em torno de 30 ou 40 mil, insignificante para um país com mais de 75 milhões de habitantes. O partido publica o seu próprio jornal semanalmente, Novos Rumos, que tem uma tiragem de cerca de 40 mil exemplares e que talvez venha a se tornar diário, em decorrência do rumo dos acontecimentos. Cada um dos principais Estados tem um jornal do PCB com algum outro nome, como, por exemplo, Folha do Povo em Pernambuco, que tem uma ampla circulação. O secretário-geral do partido, Sr. Luís Carlos Prestes, foi treinado em Moscou, de 1931 a 1934, e é um ex-oficial do Exército com experiência em liderança de guerrilha, tão romântico quanto Fidel Castro. Agora, aos 66 anos de idade, ele é um dos mais antigos estadistas do Brasil e é consultado por políticos de diferentes tendências.

O Sr. Prestes nunca deixou de ter a confiança do Kremlin e o seu partido sempre exerceu, aparentemente, a li-

nha de Moscou de 'uma revolução democrática e pacífica' (apesar de ter havido evidências recentes para mostrar que uma ação militar estava sendo preparada). Nesse momento, o partido está apoiando o presidente Goulart e usando toda oportunidade para afastar o Brasil dos Estados Unidos. Com relação a esta tentativa, a semente da discórdia no partido parece ter caído em solo fértil, mas a maioria de suas manobras táticas nos últimos anos tem sido improdutiva. Em 1960, por exemplo, o partido apoiou, sem sucesso, a candidatura do marechal Henrique Teixeira Lott à Presidência. Conseqüentemente, durante o governo do candidato vitorioso, Sr. Jânio Quadros, o partido se encontrou numa situação constrangedora, quando o presidente anunciou a intenção de reatar relações diplomáticas com a União Soviética, de promover uma política externa "independente" para o Brasil e de conceder uma alta condecoração a 'Che' Guevara[114]. Depois, quando o Sr. Quadros renunciou, o movimento 'Nacionalista' se uniu em apoio ao direito legítimo do Sr. Goulart, como vice-presidente, de assumir a presidência da República. O Partido Comunista também ofereceu apoio, mas teve que enfrentar a implantação do regime parlamentarista.

Em seguida, o partido apoiou a Frente de Libertação Nacional, mas a FLN se enfraqueceu e o PCB sentiu que era impossível uma maioria nacionalista no Congresso. Foi, provavelmente, com essa lição em mente que o PCB empreendeu grandes esforços na área trabalhista, formando o Comando-Geral dos Trabalhadores (CGT), que agora é capaz de convocar greve geral de acordo com a linha do partido.

---

[114] Ernesto Che Guevara (1928-1967), revolucionário argentino. Contrário ao capitalismo e ao comunismo ortodoxo, estava convencido de que a revolução era a única solução possível para acabar com as injustiças sociais existentes na América Latina. Ajudou Fidel Castro a depor o ditador cubano Fulgencio Batista. Foi para a Bolívia, onde se uniu aos camponeses e aos mineiros contrários ao governo militar, sendo capturado e assassinado pelo Exército boliviano em 1967.

Membros do PCB ocupam, cada vez mais, cargos de comando no movimento sindical e nas Forças Armadas. A mais poderosa confederação trabalhista, a dos trabalhadores industriais (CNTI), está virtualmente em mãos comunistas e três das outras cinco confederações (marítimos, bancários e trabalhadores rurais) estão profundamente infiltradas. É bastante seguro estimar que 30% do movimento sindical são controlados por comunistas. O movimento estudantil, congregado pela União Nacional dos Estudantes (UNE), é agressivamente nacionalista, radical e mantém permanente contato com a União Internacional dos Estudantes (ISU). Entretanto, o movimento estudantil está, praticamente, sob o controle de um grupo 'marxista-cristão' (Ação Popular) e defende causas de esquerda de todos os tipos, independentes da posição do PCB.

No Brasil, por ser o Brasil, e considerando o passado não muito inspirado da liderança tática do PCB, não é surpresa que existam grupos comunistas dissidentes. Não só existe uma facção de esquerda dentro do próprio PCB, como há um partido comunista totalmente separado, denominado de maneira confusa — Partido Comunista do Brasil (PC do B) — que apóia a linha chinesa. O PC do B se originou de um grupo dissidente que se afastou do PCB em novembro de 1961. Os principais destaques do partido são João Amazonas e Pedro Pomar, cujas funções exatas não são conhecidas. Em 1962, o número de seus partidários não passava de 400, mas agora estima-se que seja de alguns milhares. Fortemente suprida de propaganda de Pequim, que transmite semanalmente programas de rádio em português, há muito mais tempo que a BBC, a principal publicação do PC do B é a "Classe Operária", com edição quinzenal e tiragem de 10 mil exemplares (deste total, entretanto, 4 mil são distribuídos gratuitamente).

A defesa da luta armada pelo PC do B, ao contrário do PCB, é inspirada na Revolução Cubana, mas não se sabe até que ponto o partido recebe ajuda prática de Cuba. O partido tem atacado a "linha Khrutchev" e acusado o Sr. Prestes de revisionista[115]*. Parece que o PC do B foi orientado pelos chineses para concentrar sua atuação no meio rural. Enquanto o PCB tem tido um sucesso limitado entre os trabalhadores rurais, o PC do B tem feito muitos avanços nas áreas agrícolas do Nordeste. Uma outra vantagem da defesa da linha chinesa foi, conseqüentemente, o contato com as Ligas Camponesas.*

Essas ligas são as outras únicas organizações comunistas que eu me proponho a comentar nesse comunicado. Principal força subversiva do Nordeste do Brasil, elas foram fundadas em 1955 pelo Sr. Francisco Julião, um advogado e deputado em Pernambuco. Ele não pertence a nenhum dos partidos comunistas, mas se considera um "populista" e um "profundo estudioso do Marxismo-Leninismo". O Sr. Julião esteve em Cuba diversas vezes e durante um encontro em Havana, em 1962, declarou que o objetivo das Ligas Camponesas era unir as forças progressistas no Brasil em oposição a dois inimigos principais: o imperialismo ianque e o coronelismo. O Sr. Julião defende a luta armada e suas Ligas têm organizado atos esporádicos de violência, como, por exemplo, incêndios de plantações de cana-de-açúcar. Durante 1962, Cuba tentou marcar presença financiando treinamento de guerrilhas, mas o apoio popular foi decepcionante e o projeto, abandonado. A influência do Sr. Julião está diminuindo e as Ligas Camponesas, como movimento, têm caído muito nos últimos 12 meses. O número dos envolvidos no momento é desconhecido, mas, mesmo no pico, há um ano, o

---

[115] Partidário do Revisionismo = política de revisão ou modificação da doutrina Marxista-Leninista.

movimento não teve mais do que 13 mil camponeses inscritos, organizados em 70 Ligas.

Estas, portanto, são as principais organizações comunistas, ditas ortodoxas, no Brasil. Entre si, elas são numericamente insignificantes, contendo, talvez, não mais do que 65 mil 'fichas' no total, mas suas influências são muito maiores do que a filiação pode indicar. Pode-se dizer que são três as principais razões para isso: (1) a confusão em relação às implicações do Comunismo parece misturar os seus limites com os movimentos socialistas, considerando-os de extrema-esquerda; (2) ainda continua em moda, no Brasil, os intelectuais, verdadeiros ou pseudos, se considerarem marxistas, porém o marxismo deles, quase sempre, representa nada mais do que acessórios da boêmia, e deploravelmente a grande parte do pequeno número de figuras culturais do Brasil se encanta com faixas vermelhas – eles são 'avant-garde'[116]*; (3) o movimento antiamericano parece ter unido, em nome de uma causa comum, aqueles que defendem o nacionalismo e os que são contra os Estados Unidos por razões comunistas. Portanto, apesar de o número de comunistas filiados não ser muito grande, eles conseguiram penetrar em todos os níveis do governo e seus simpatizantes podem muito bem ultrapassar os 200 mil. Portanto, o apoio comunista para um candidato à presidência se torna muito importante, tanto pelo número de eleitores que podem ser mobilizados, quanto pela máquina eleitoral que pode ser acionada. Como estimativa, esse apoio pode significar, provavelmente, cerca de 2 milhões de votos a mais, uma proporção significativa do total de 18,5 milhões de eleitores. A proporção poderia ser maior ainda, caso o voto do analfabeto*[117] *passasse a ser aceito.*

---

[116] *Avant-garde.* Vanguarda.

[117] De acordo com uma reportagem do jornal "The Times", de abril de 1964, 35% da população com mais de 15 anos eram analfabetos; 50% das crianças em idade

Com relação à atitude do partido sobre um candidato em potencial à presidência nas eleições de 1965, o Sr. Prestes destacou suas expectativas numa entrevista na televisão, em 3 de janeiro. Ele anunciou que o PCB não apoiaria o Sr. Kubitschek e nem os Srs. Ademar de Barros, Magalhães Pinto, Carvalho Pinto, Ney Braga e muito menos o Sr. Carlos Lacerda. O Sr. Brizola, impedido de se candidatar por ser cunhado do presidente Goulart, foi descrito pelo Sr. Prestes como uma figura capaz de desenvolver o papel de Fidel Castro no Brasil. (Todavia, o Sr. Brizola é tido como um "burguês aventureiro" pelos marxistas brasileiros mais ortodoxos e, de fato, representa uma ameaça em potencial à liderança da esquerda do PCB). Portanto, foi para o Sr. Miguel Arraes, governador de Pernambuco, que o Sr. Prestes anunciou o seu apoio; e, realmente, está claro que o Sr. Arraes, apesar de não ser membro do partido, é o que tem mais afinidade ideológica com o PCB, dentre os atuais possíveis candidatos. Ele preenche as condições de figura revolucionária e sua liderança é capaz de aglutinar as forças de esquerda, sem, no entanto, incluir a linha chinesa. Antes do Sr. Arraes começar a organizar os trabalhadores rurais com sua própria linha de ação em Pernambuco, ele teve de combater tanto o movimento das Ligas Camponesas quanto os agitadores do PC do B. O VI Congresso do PCB está programado para meados deste ano e, sem dúvida, vai revelar a posição do partido em relação à sucessão presidencial.

Pelos dois motivos apresentados no segundo parágrafo, a possibilidade de o PCB conquistar sua legalidade parece não preocupar a direita. O 'Jornal do Brasil' chegou

---

escolar não tinham acesso à educação, enquanto que apenas 14% atingiam o nível secundário. A carreira militar foi apontada como uma saída viável para a alfabetização. A população do Brasil era de cerca de 75 milhões de habitantes. (FO371/173811 - AB1741/1)

a considerar a proposta muito bem-vinda, porque "a legalidade seria a melhor maneira de revelar as verdadeiras fraquezas do partido comunista". Talvez a legalização traga à tona o reduzido número de inscritos e mostre que o partido não tem um candidato puramente comunista, além de deixar bem mais claras as divergências ideológicas entre os três grupos. Por outro lado, caso o PCB seja legalizado e passe a colaborar com o Partido Trabalhista Brasileiro - PTB num programa de "reformas populares", é possível prever uma dominação de esquerda comunista.

Aqui neste país, certamente os brasileiros não se desencantaram com o comunismo diante de seu fracasso internacional para manter o aspecto monolítico. O que poderia ser descrito como "regra dos anunciantes" tem sido aplicada e o marketing do mesmo produto com diferentes rótulos tem resultado em grandes vendas. A satisfação, portanto, não está relacionada com o insignificante número de comunistas ortodoxos ou no caos em que aparentam estar. Os comunistas e seus simpatizantes penetraram, como eu disse antes, em todas as camadas da sociedade e representam, em grupo, uma forte considerável política.

Eu estou enviando cópia desse comunicado para os representantes de Sua Majestade em Washington, Moscou e Pequim, para o cônsul-geral de Sua Majestade em São Paulo e para o cônsul de Sua Majestade em Recife.

(a) Leslie Fry"

Prestes em Praga

Em Praga, a embaixada britânica enviou, em 27 de fevereiro de 1964 — três dias após a distribuição do relatório acima sobre o comunismo no Brasil — uma carta [118] para o Foreign Office, em Londres, comunicando o destaque, na imprensa local, da visita de Luís Carlos Prestes à Tchecoslováquia. Durante a visita, Prestes havia se encontrado com o presidente Antonin Novotny e recebera apoio para a campanha de legalização do Partido Comunista Brasileiro. Junto a esta carta foi arquivado um comentário manuscrito[119] de S. W. Martin, do Foreign Office, classificando o apoio da Tchecoslováquia como uma reação da linha comunista soviética às negociações para um possível reatamento das relações diplomáticas do Brasil com a China.

Após o golpe de 64, os registros sobre a atuação de representantes de esquerda se intensificaram. Um comunicado [120] da embaixada britânica no Rio de Janeiro, de 12 de agosto de 1964, traz mais informações sobre os comunistas brasileiros e simpatizantes da esquerda. Desta vez, a notícia é sobre a prisão de militantes num apartamento no subúrbio carioca, tido como o ponto central de reuniões de planejamento de atividades, local popularmente conhecido pela polícia como aparelho. Vários documentos foram apreendidos, inclusive, segundo a embaixada, planos para atividades contra-revolucionárias. A lista dos presos foi a seguinte:

1) Ivan Ramos Ribeiro - chefe da comissão de organização do PCB

2) Mário Alves de Souza Vieira - secretário do PCB

3) Francisco Antônio Leivas Otero - ex-chefe do Departamento Internacional do PCB

4) Benjamin Tabaki

5) José Alberto Bandeira Ramos

---

[118] FO 173767 - AB 1018/2
[119] FO 173767 - AB 1018/2
[120] FO 371/173764 - AB1015/90

Ainda de acordo com o comunicado, as informações dadas por este grupo podem ter desencadeado a prisão de cerca de outras 400 pessoas em todo o país.

Lista Negra

As prisões de comunistas ou de qualquer cidadão suspeito de atividades consideradas subversivas vinham sendo acompanhadas desde o início do regime militar. Uma semana depois do golpe, por exemplo, uma carta[121] da embaixada britânica no Rio de Janeiro ao Foreign Office, em 8 de abril, informava que *",o número de detidos chegava a 3500. Tanta gente que foi preciso transformar o navio brasileiro "Princesa Isabel" numa prisão flutuante. Junto aos acusados de subversão, cerca de 15 toneladas de documentos haviam sido confiscadas.*" A carta também relatava que o governador Miguel Arraes, de Pernambuco, estava sendo mantido sob custódia numa ilha do arquipélago de Fernando de Noronha.

O governo britânico chegou a arquivar uma "lista negra" das cassações dos políticos brasileiros. Um documento[122], preparado em 6 de maio de 1964, informa que *"o governo brasileiro insistia em manter detidos cerca de 10 mil prisioneiros políticos - uma estimativa, apenas, porque não havia publicação de números oficiais."* O documento também relata que *"o novo regime havia cassado, até então, os direitos políticos de 44 congressistas e de um grande número de vereadores e deputados estaduais, além de 115 líderes trabalhistas, jornalistas e oficiais do Exército, entre outros profissionais."*

Esse relatório traz, também, com destaque, a derrubada do governador Badger Silveira, do antigo Estado do Rio de

[121] FO371/173762 - AB1015/57
[122] FO 371/173764 - 33882

Janeiro, eleito pelo PTB, partido de Getúlio Vargas, João Goulart e Leonel Brizola, e herdeiro político do seu irmão Roberto Silveira [123]. De acordo com o documento, *"a Assembléia Legislativa do Estado do Rio, provavelmente com o incentivo de Brasília, aprovou o impedimento do governador, que teve, posteriormente, os seus direitos políticos cassados pelo presidente Castelo Branco."* Não houve um processo de impeachment, previsto na Constituição, similarmente ao que foi aplicado ao presidente Fernando Collor de Melo, em 1992, mas, sim, uma decisão arbitrária, sem forma legal. Diante da vacância do cargo, a Assembléia elegeu como sucessor de Badger o General Paulo Torres[124] — *"um oficial da ativa e natural do Estado"*[125]. Segundo consta, o que teria

---

[123] Roberto Teixeira da Silveira, pai do atual prefeito de Niterói, Jorge Roberto da Silveira, foi governador do antigo RJ e morreu em acidente de helicóptero ao levantar vôo no jardim do Palácio Itaboraí, em Petrópolis, residência oficial de verão. Com ele faleceram o piloto e o jornalista Luís Paulistano, diretor da Agência Fluminense de Informações - AFI. Assumiu o governo o vice-governador, Celso Peçanha.

[124] Paulo Francisco Torres nasceu em 29 de maio de 1903, em Cantagalo/RJ, e era chefe do Estado Maior do I Exército, quando assumiu o governo do antigo Estado do Rio de Janeiro. Militar de carreira, Paulo Torres foi um dos poucos a atingir o posto de marechal na recente história moderna do Exército brasileiro. Escolhido governador, continuou político e elegeu-se senador, chegando a presidir o Senado. Paulo Torres é irmão do jornalista Alberto Torres, atual diretor-presidente do jornal *O Fluminense,* de Niterói, que em abril de 1964 era deputado estadual e vice-presidente do diretório da UDN - União Democrática Nacional do antigo RJ.

[125] Com o afastamento de Badger Silveira, quem deveria assumir era o vice-governador, João Baptista da Costa, ambos eleitos no mesmo pleito, em 1962, mas por partidos diferentes, PTB e UDN, respectivamente. João Baptista, presidente do diretório estadual da UDN, em entrevista ao "Jornal do Brasil" de 3 de julho de 1978 (pág. 2, 1º caderno) fez os seguintes comentários sobre o seu impedimento para tomar posse: "A 1º de abril de 1964 fui chamado pelo comandante da ID-1 (sediado em Niterói), general Manoel Rodrigues Lisboa. Ele me comunicou que, em virtude da mudança que havia feito no comando da Polícia Militar (independentemente de nomeação pelo governador), o governo do Estado estava vago e me perguntou como iria dirigir o Executivo. A certa altura da conversa o general perguntou se eu aceitaria um secretariado indicado pelo Comando Revolucionário. Respondi que não. O comandante insistiu, dizendo que 'nós lhe daremos nomes de gabarito nacional'. Retruquei que no Estado do Rio também existiam nomes de gabarito nacional, com a vantagem de conhecerem os problemas locais. Aceitaria apenas que o governo federal indicasse os secretários de Segurança e Finanças. Nessa mesma noite fui para a Assembléia Legislativa, que se encontrava em ses-

provocado o impedimento foi a recusa do governador Badger Silveira em aceitar a indicação pelo Exército do ocupante do cargo de secretário de Segurança Pública do Estado. Mas, de acordo com os próprios ingleses, a verdadeira causa teria sido *"a demora do governador em aceitar o novo regime e colaborar com os militares, além de suas relações com a esquerda."* A deposição de Badger Silveira reforçou a idéia de que o novo regime continuaria a emitir juízo de valor sobre os governadores, do ponto de vista da revolução. A essa altura, além do pernambucano Miguel Arraes, o governador de Sergipe, Seixas Dória, também já havia sido afastado de seu cargo. A seguir, a lista dos que perderam seus mandatos e cargos ou tiveram os seus direitos políticos cassados, segundo o documento de 6 de maio de 1964:

MANDATOS CANCELADOS

Deputados Federais e Senadores:

19 do PTB: Amauri Silva, senador-PR; e os deputados Almino Afonso-AM, Adahil Barreto Cavalcante-CE, Arthur Lima Cavalcanti-PE, Lamartine Távora-PE, Murilo Costa Rego-PE, Ramon Oliveira Neto-ES, Bocaiúva Cunha-RJ, Luiz Gonzaga Paiva Muniz-RJ, Benedito Cerqueira-GB, Elói Du-

---

são permanente. Enquanto aguardávamos a chegada do presidente da Casa, deputado Cordolino Ambrósio, do PTB, para a abertura dos trabalhos, a Comissão de Justiça, para ganhar tempo, preparava o documento de vacância do cargo de governador e a posse do vice. Nesta altura, o secretário de Segurança, coronel Hugo de Sá Campelo, entrou na Comissão, trazendo um ofício, por ele assinado, em nome do Comando da Revolução, dizendo que o vice-governador não poderia tomar posse, porque estava comprometido com o movimento subversivo, e que as razões constavam de um envelope anexo, lacrado e com a rubrica de secreto. A comissão que elaborava o documento colocara uma vírgula, acrescentando 'bem como o vice-governador'. Após a abertura dos trabalhos, quando os deputados que me defendiam perguntavam porque eu não poderia assumir e de que era acusado, o presidente respondeu: 'não posso revelar porque as razões estão neste envelope lacrado, com a rubrica de secreto. São interesses da Segurança Nacional'."

tra-GB, Antonio Garcia Filho-GB, Roland Corbisier-GB, Sergio Magalhães-GB, Leonel Brizola-GB, José Antonio Rogê Ferreira-SP, Paulo Micarone-RS, Temperani Pereira-RS e Gilberto Mestrinho-AM.

5 deputados do PSP: Neiva Moreira-MA, Silvio Braga-PA, Henrique Cordeiro Oest-AL, Elio Mendes-BA e Adão Pereira Nunes-RJ.

4 deputados do PSD: Abelardo de A. Jurema-PB, Francisco Julião-PE, Fernando Santana-BA e Moises Lupion-PR.

2 deputados da UDN: Clovis Ferro Costa-PA e José Aparecido de Oliveira-MG.

3 deputados do PDC: Diógenes Alves-BA, João Seixas Dória-SE e Paulo de Tarso Santos-SP.

Total Geral: 33

Os mandatos de 11 suplentes também foram cancelados, elevando o total para 44.

DIREITOS POLÍTICOS SUSPENSOS

Deputados Estaduais e Políticos

5 deputados: três do PTB-GB – Paulo Alberto Monteiro de Barros (Artur da Távola), Saldanha Coelho e Valdemar Viana de Carvalho; Plínio de Arruda Sampaio –PDC-SP, e Hélio Ramos – PSD-BA.

Também: Luís Carlos Prestes, secretário-geral do PCB; João Goulart, presidente da República-PTB; Jânio Quadros, ex-presidente da República-PDC; Miguel Arraes, governador de Pernambuco-PTB; e Darcy Ribeiro, chefe da Casa Civil da Presidência da República-PTB.

Líderes Trabalhistas

5 do PCB: Dante Pelacani, líder sindical; Roberto Morena, líder sindical; Humberto Melo Bastos, líder do CGT; Clodsmith Riani, líder sindical e deputado federal-MG; e Rafael Martinelli, presidente da Federação Nacional dos Ferroviários.

Servidores Públicos e Agentes Políticos

Djalma Maranhão, prefeito de Natal-RN; Celso Furtado, economista e presidente da Sudene – Superintendência de Desenvolvimento do Nordeste; João Pinheiro da Silva Neto, diretor da Superintendência da Política Agrária – Supra; Osvino Ferreira Alves, presidente da Petrobrás; Francisco Mangabeira, ex-presidente da Petrobrás; e Valdir Pires, consultor-geral da República.

Jornalistas

Raul Ryff, secretário de Imprensa da Presidência, e Samuel Wainer, jornalista e diretor do jornal "Última Hora".

Militares

general Argemiro de Assis Brasil, chefe do Gabinete Militar da Presidência da República; almirante Pedro Paulo Suzano, ex-ministro da Marinha; almirante Washington Frazão Braga e brigadeiro Francisco Teixeira.

Uma semana depois da edição desta lista, a embaixada britânica no Rio de Janeiro enviou, em 13 de maio de 1964, um relatório confidencial[126] para Londres, informando sobre a existência de uma lista mais recente com outras cassações de mandatos e a suspensão de direitos políticos. Todos os nomes eram do Estado do Rio Grande do Sul, a maioria com ligações com o PTB. A lista incluía um deputado federal, Clay de Araújo, nove deputados estaduais e os prefeitos de Porto Alegre, Rio Grande e Santa Maria. Subia para 47 o número de deputados federais que tive-

[126] FO371/173763 - AB1015/73

ram seus mandatos cassados. A lista dos que tiveram seus direitos políticos suspensos por 10 anos passava a conter 155 nomes.

Este relatório traz, também, os nomes dos integrantes da Comissão-Geral de Investigação (CGI), responsável pela abertura e processamento de 180 inquéritos sobre atividades subversivas. Eram eles o marechal Taurino de Rezende (presidente), o jurista Carlos Alfredo Povina Cavalcante e José Barreto Filho.

No Itamaraty funcionava uma outra comissão, também de três membros, com finalidade específica de *"expurgar o Ministério das Relações Exteriores dos simpatizantes do antigo regime"*.

O relatório confirma, ainda, a substituição de Badger da Silveira pelo general Paulo Torres no governo do Estado do Rio e comunica o afastamento de mais um governador do PTB: José Augusto, governador do Acre, renunciou assim que a Assembléia Legislativa do Estado se reuniu para votar o seu impeachment.

De acordo com o relatório, *"Leonel Brizola, cujo paradeiro era desconhecido desde a revolução, havia chegado em Montevidéu no dia 7 de maio."* Brizola era acusado de *"tentar organizar movimento de guerrilha no Rio Grande do Sul e de ter feito pelo menos duas transmissões clandestinas de rádio."*

DOCUMENTOS GERAIS DO GOLPE

"O aprendiz de feiticeiro,
cujos experimentos iniciais
haviam sido tolerados,
estava agora invocando espíritos
além da sua capacidade de controle."

Embaixador Leslie Fry
sobre o presidente João Goulart,
em 3 de abril de 1964

Além das informações administradas gota a gota, no calor dos acontecimentos, o embaixador Leslie Fry também enviava para Londres doses mais completas de episódios da história recente do país, antes que o tempo esfriasse os fatos e os tirasse de circulação. Eram relatórios caprichados, recheados de nomes, datas, horários e locais. Algumas vezes requentavam mensagens e comunicados enviados, rememorando-os para aperfeiçoar a visão geral de determinado assunto.

É o caso, por exemplo, de três importantes momentos do golpe de 64, intitulados "A Rebelião na Marinha", "A Revolta no Brasil" e "Os primeiros 100 Dias do Marechal Castelo Branco na Presidência". O que se vê é uma minuciosa descrição das mais complexas ocorrências político-militares. Esses documentos impressionam pela fluência da narrativa, precisão de dados, universalidade e detalhamento dos fatos, acrescidos de impressões pessoais do embaixador. Protegido pelo sigilo diplomático, Sir Leslie Fry emitia juízos de valor sobre pessoas, instituições e circunstâncias nacionais, deixando escapulir expressões adjetivadas aqui e ali, bastante francas, seguro de que jamais (ou nem tão cedo) seria lido ou ouvido pelas autoridades brasileiras.

A Rebelião na Marinha
Comunicado 23
De: Sir Leslie Fry[127]
3 de abril de 1964

No dia 24 de março, o almirante Sílvio Mota, ministro da Marinha, ordenou a prisão de 12 dirigentes da Associação de Marinheiros e Fuzileiros Navais, sob a acusação de

[127] FO371/173762 - 33882

estarem participando de reuniões de natureza política na sede do Sindicato dos Bancários. Seis deles foram presos, mas os outros seis escaparam e lideraram a organização de mais uma reunião, desta vez no Sindicato dos Metalúrgicos, para comemorar o segundo aniversário da Associação.

Esta reunião aconteceu na noite de 25 de março e contou com a participação de cerca de 3000 marinheiros e fuzileiros navais. O principal orador foi o presidente da Associação, cabo José Anselmo dos Santos, que falou em favor das reformas de base defendidas pelo presidente Goulart e atacou algumas instituições do Estado[128]*. Havia sido anunciado que o presidente Goulart, o general Argemiro de Assis Brasil, chefe do Gabinete Militar da Presidência, e o almirante Cândido Aragão, comandante do Corpo de Fuzileiros Navais, estariam presentes, mas os três não compareceram ao evento.*

Durante a reunião dos marinheiros e fuzileiros navais, o ministro da Marinha decidiu prender os organizadores. Parece-me que a decisão chegou rapidamente ao local. A maioria dos participantes decidiu permanecer no prédio, juntamente com os companheiros que estavam ameaçados de prisão. A reunião continuou durante toda a noite.

---

[128] Darcy Ribeiro, em seu livro Aos Trancos e Barrancos - como o Brasil Deu no Que Deu (nota 1786), fez a seguinte análise deste episódio na Marinha: • "Mil e duzentos fuzileiros navais e marinheiros, comandados pelo 'cabo' Anselmo — um agente da CIA, como se verificou depois — desencadeiam, a partir de 20 de março, atos de rebeldia contra a prisão de dirigentes de sua associação, que culminam com a realização, no Sindicato dos Metalúrgicos, no dia 25, de uma manifestação proibida pelo almirantado, contra exigências servis do regimento da Marinha. Anselmo, que dirigia esses atos, caiu depois na clandestinidade e chegou a alcançar o apoio dos cubanos como promissor comandante guerrilheiro. Nesta condição, teve oportunidade de entregar à polícia, para serem assassinados, mais de duas centenas de militantes que confiavam nele, inclusive sua mulher. • Tropas da Marinha, mandadas para disciplinar os rebelados, aderem ou se recusam a lutar. **A oficialidade da Armada** se reúne no Clube Naval, onde se sucedem atos de indisciplina equivalentes aos de seus subalternos. O ministro da Marinha se demite. • O novo ministro da Marinha **anistia** os fuzileiros e marinheiros e os manda de volta a suas corporações, declarando: "Meu Deus, como é dura a luta contra o imperialismo agonizante."

Na manhã de 26 de março, o I Exército (comando no Rio de Janeiro) e toda a Marinha estavam de alerta. O almirante Aragão chegou às 7 horas da manhã à sede do Sindicato dos Metalúrgicos, ordenou o encerramento da reunião e deixou o recinto prometendo que enviaria transporte para eles. Pouco tempo depois, um pelotão de fuzileiros navais chegou e bloqueou as entradas do prédio. O comandante-fuzileiro conversou com o presidente da Associação, que se recusou a levar os outros integrantes para fora do prédio. Às 9h50, o edifício estava totalmente cercado por tropas do I Batalhão da Polícia Militar e cinco carros blindados.

Às 10h30 o almirante Aragão formalizou seu pedido de exoneração do cargo de comandante do Corpo de Fuzileiros Navais e, aparentemente, foi para sua casa em Copacabana. O comando foi oferecido imediatamente pelo ministro da Marinha ao almirante Washington Frazão Braga, que o recusou e foi, por isso, destituído das funções de comandante da guarnição da Marinha no Rio de Janeiro. O almirante Luiz Felipe Sinai foi, então, indicado como o comandante do Corpo de Fuzileiros Navais.

Às 11h os amotinados cantaram o hino nacional e, depois, começaram a jogar seus quepes para fora do prédio, em direção à rua. Em seguida, um fuzileiro das forças que reprimiam a manifestação se aproximou sozinho do prédio, tirou o capacete e as armas e se juntou aos amotinados. Ele foi seguido por cerca de 30 camaradas e, quando os remanescentes aos poucos deixaram a área, o comandante Sabóia ordenou a retirada do destacamento.

Depois do meio-dia o local foi cercado por forte pelotão da Polícia Militar, que foi reforçado por seis tanques do Regimento de Reconhecimento, do Exército.

Às 15h30 chegaram os deputados federais de esquerda Max da Costa e Ferro Costa, que receberam permissão para entrar no prédio.

Às 16h o Batalhão Riachuelo, do Corpo de Fuzileiros Navais, também entrou em ação, fortemente armado, e com bombas de gás lacrimogêneo. Pouco tempo depois, a "Liga das Mulheres da Guanabara" (até então desconhecida), com esposas de alguns dos amotinados, esteve no local. Elas tiveram permissão para entrar no prédio e leram manifesto como se falassem mesmo em nome das mulheres da Guanabara. Os próximos a chegar foram os coronéis Pinto Guedes, do Gabinete Militar da Presidência, e Ciro Labarthe, do Ministério da Guerra. Os dois nomes eram conhecidos dos amotinados. Eles receberam permissão para entrar e ficaram duas horas dentro do prédio, em negociações.

Pouco tempo depois o almirante Sinai, novo comandante do Corpo de Fuzileiros Navais, também recebeu permissão para entrar no prédio, mas, aparentemente, sem conseguir fazer contato com os líderes, saiu logo em seguida.

Enquanto isso, o almirante Silvio Mota pediu demissão do cargo de ministro da Marinha. O pedido foi negado pelo chefe da Casa Civil da Presidência.

Às 17h30 o ministro do Trabalho chegou ao prédio acompanhado pelos líderes trabalhistas de esquerda Dante Pelacani e Osvaldo Pacheco. Todos eles foram impedidos de entrar.

Às 18h o comandante Sinai recebeu ordens para retirar as tropas que estavam investindo contra o prédio. Não está claro de onde partiram essas ordens, mas o almirante não fez nenhuma tentativa de esconder sua insatisfação. Entretanto, ele retirou suas tropas e declarou que também pediria exoneração do comando.

Durante a noite foi anunciado que o presidente estava de volta ao Rio de Janeiro, vindo do Sul do Brasil. O almirante Mota, ainda ministro da Marinha, ordenou que o almirante Aragão fosse mantido preso por ter abandonado o seu posto. Outros almirantes ameaçaram abandonar os cargos se o pedido de exoneração do almirante Mota fosse aceito.

O presidente chegou ao Rio, como esperado, pouco depois da meia-noite e começou imediatamente a discutir a situação com ministros e assessores. Resultado: o ministro do Trabalho foi negociar com os amotinados. Ele estava acompanhado de representantes do Comando-Geral dos Trabalhadores, entidade privada que, simultaneamente, estava realizando uma reunião no palácio presidencial.

Na manhã seguinte, às 8h30, informou-se que um marinheiro havia sido morto no pátio do Ministério da Marinha com um tiro de pistola. O disparo teria partido do prédio do Ministério, ferindo outros marinheiros com tiros de metralhadoras. Segundo informações, as vítimas teriam deixado seus navios sem autorização e caminhavam para se juntarem aos amotinados.

Às 11 horas foi anunciado que o governo havia assinado um acordo com os amotinados determinando que os manifestantes fossem removidos para um quartel do Exército e, de lá, seriam liberados. A transferência começou por volta do meio-dia, mas foi suspensa temporariamente quando três líderes de esquerda (comunistas, segundo dizem), deputado Hércules Correia, Dante Pelacani e Osvaldo Pacheco, protestaram contra o rigor disciplinar com que os manifestantes estavam sendo tratados, como se fossem prisioneiros. Depois de uma consulta ao presidente, a transferência continuou e a operação terminou por volta das 15h30. Durante todo esse tempo, os líderes comunistas permaneceram no prédio do Sindicato dos Metalúrgicos.

Na chegada ao quartel do I Batalhão de Guarda, os marinheiros e fuzileiros navais foram liberados e centenas deles marcharam triunfantes pela Av. Presidente Vargas, em direção à igreja da Candelária, para demonstrar que eram cristãos e não comunistas. Eles estavam alinhados em forma de V ("da vitória") e fizeram um minuto de silêncio em respeito ao marinheiro que teria sido morto. Eles estavam praticamente se dispersando quando o almirante Aragão apareceu próximo ao Ministério da Marinha. Ele foi acolhido pelos manifestantes, que o carregaram nos ombros até a sede da Associação e gritaram "Viva Aragão", "Viva Jango" (João Goulart) e "Viva a Marinha".

O presidente, então, aceitou a demissão do almirante Mota do cargo de ministro da Marinha e nomeou para seu lugar o almirante Paulo Mário Cunha Rodrigues (um oficial de 69 anos, com um passado de comando bastante ativo e fama de defender opiniões fortemente de esquerda). O almirante Suzano foi nomeado chefe da Diretoria de Pessoal da Marinha. Segundo dizem, ambos teriam feito parte de uma lista submetida ao presidente da República pelo Comando-Geral dos Trabalhadores, como candidatos aceitáveis ao cargo de ministro; entretanto, essa informação foi posteriormente negada tanto pelo CGT como pelo governo. Em outro ato, o presidente renomeou o almirante Aragão para o comando do Corpo de Fuzileiros Navais. Por sua vez, o novo ministro da Marinha, almirante Paulo Mário, nomeou, imediatamente, um comunista para a chefia de seu Gabinete.

O ministro Paulo Mário enviou um comunicado geral aos marinheiros e fuzileiros navais, para que fossem para casa de forma pacífica e que retornassem aos seus postos na terça-feira, 31 de março, proporcionando folga na segunda-feira (que não é feriado no Brasil), em função da "extensão do final de semana da Páscoa".

Muitos almirantes, da ativa e da reserva, com outros membros do Clube Naval, passaram aquele fim-de-semana reunidos em sucessivos encontros, discutindo o que fazer para reparar os prejuízos causados à disciplina militar e para evitar novas insubordinações. Enquanto isso, grande número de oficiais do Exército se reuniu no Clube Militar para expressar solidariedade aos colegas da Marinha.

Na segunda-feira, 30 de março, o CGT ameaçou com uma greve geral se houvesse qualquer tentativa de depor o presidente Goulart.

Naquela noite, oficiais da Polícia Militar celebraram, no Automóvel Clube do Rio de Janeiro, o 40° aniversário de sua associação. O presidente Goulart compareceu inesperadamente e, em seu discurso, fez um apelo à disciplina, que definiu como "respeito mútuo entre comandantes e comandados". O restante do discurso foi, entretanto, fortemente político e ultranacionalista. O líder dos amotinados e o almirante Aragão foram ruidosamente aplaudidos.

No dia 31 de março, os primeiros acontecimentos significativos ocorreram em Belo Horizonte, capital do Estado de Minas Gerais. No início da manhã o governador Magalhães Pinto se reuniu com oficiais superiores do IV Exército, cuja área abrange o Estado de Minas Gerais e a maior parte do Estado de Goiás. Magalhães Pinto, mais os generais Luiz Carlos Guedes e Olímpio Mourão Filho, comandantes em Belo Horizonte e em Juiz de Fora, respectivamente, decidiram declarar estado de revolta contra o presidente Goulart e comunicaram essa posição ao governador do Estado de São Paulo, Ademar de Barros.

Às 9 horas, em Belo Horizonte, tropas da Polícia Militar mineira ocuparam pontos de ônibus, postos de gasolina, sedes de sindicatos e órgãos do governo federal. Mais de 100 ônibus foram requisitados para enviar tropas para as fronteiras do Estado, principalmente para Juiz de Fora, situada a 240 km da cidade do Rio de Janeiro.

Alguns extremistas de esquerda foram presos. A Polícia Militar garantiu proteção às redações dos jornais e às estações de rádio e televisão, ocupando, também, agências dos correios e telégrafos. Às 14 horas, o Ministério da Aeronáutica assumiu o controle do aeroporto de Belo Horizonte. Às 14h15, o jornal de esquerda "Última Hora" foi fechado e vários diretores e editores foram presos. Enquanto isso, Magalhães Pinto e os generais Guedes e Mourão, em declaração pública, oficializaram o estado de revolta contra o presidente Goulart.

No Rio de Janeiro, por decreto do governo federal, foi feriado bancário nos dias 1°, 2 e 3 de abril. As transmissões de rádio e televisão estavam sob censura e transmitiam apenas notícias favoráveis ao presidente. Os jornais, entretanto, publicaram matérias de outras regiões e alguns defenderam abertamente a renúncia do presidente.

Na tarde de 31 de março o governador do Estado de São Paulo, Ademar de Barros, com apoio do general Amaury Kruel, comandante do II Exército, anunciou que estava aderindo à revolta. Mais tarde houve, também, declarações de apoio dos governadores da Guanabara, Paraná, Santa Catarina e Rio Grande do Sul. Os governadores de Pernambuco e do Rio Grande do Norte declararam apoio ao presidente.

O governador Lacerda, do Estado da Guanabara, se defendeu com barricadas em sua residência oficial, enquanto o presidente Goulart, a menos de 500 metros, cercou o Palá-

cio Laranjeiras, da Presidência da República no Rio, com tropas e carros blindados. Durante a noite de 31 de março para 1° de abril, os governadores Magalhães Pinto e Ademar de Barros telefonaram para o governador Lacerda e pediram que ele não fizesse nenhuma declaração pública e que permanecesse no Palácio Guanabara.

No dia 1° de abril, logo cedo, soldados e oficiais do II Exército, sob o comando do general Amaury Kruel, começaram a avançar em direção ao Estado da Guanabara. Para enfrentá-los, o ministro da Guerra enviou tropas do I Exército, do Rio de Janeiro, as quais, entretanto, aderiram aos revolucionários.

Em diversas cidades, populares, pacientemente, aguardavam em filas para comprar comida e gasolina. O Rio de Janeiro ficou paralisado com uma greve geral liderada pelo CGT. A situação em São Paulo era de quase normalidade. Alguns líderes sindicais foram presos. Portuários de Santos fizeram greve com a proteção de fuzileiros navais. Policiais militares do Estado foram enviados para assumir o controle da situação no porto santista.

Por volta do meio-dia de 1° de abril, forças revolucionárias que avançavam de São Paulo atingiram o alto da Serra, a cerca de 100 quilômetros do Rio de Janeiro. Ao mesmo tempo, militares do Forte de Copacabana, que fica dentro da cidade, se declararam a favor dos revoltosos.

No Estado do Paraná, tropas da V Região Militar aderiram à revolta e três comandantes partiram para Porto Alegre na tentativa de persuadir o III Exército a fazer o mesmo. A missão não teve êxito.

Às 13h o presidente Goulart abandonou o Palácio das Laranjeiras no Rio e seguiu de avião para Brasília. Na capital federal, o comandante do Exército, general Nicolau

Fico, anunciou que garantiria a segurança do Congresso e da população civil.

Em Recife, Estado de Pernambuco, unidades do IV Exército, sob o comando do general Justino Alves, cercaram o palácio do Governo e prenderam o governador Miguel Arraes.

Às 16 horas a censura nas estações de rádio no Rio de Janeiro foi suspensa. O governador Lacerda recebeu a visita de vários almirantes e mais tarde fez pronunciamento cumprimentando a população pela libertação da cidade.

O presidente do Supremo Tribunal Federal enviou mensagem de apoio ao governador de Minas Gerais.

Às 16h40, no Rio de Janeiro, o I Exército recebeu ordens para cessar as operações e retornar aos quartéis. Cenas de celebração ocorreram no Rio e em outras cidades. A redação do jornal de esquerda "Última Hora" foi invadida e a sede da União Nacional dos Estudantes, de orientação comunista, incendiada.

Nos primeiros 45 minutos do dia 2 de abril, o Sr. Goulart deixou Brasília de avião. O general Fico, comandante na Capital, declarou que não tinha mais nenhuma obrigação de ser leal ao Sr. Goulart. Às 3 horas da manhã de 2 de abril, o Sr. Ranieri Mazzilli, presidente da Câmara dos Deputados, prestou o juramento de presidente da República[129]*.*

Informações sobre o desenrolar dos fatos em Porto Alegre, capital do Rio Grande do Sul, são escassas. Tudo indica, entretanto, que o Sr. Brizola obteve, inicialmente, grande apoio por lá, fazendo com que o governador se retirasse e instalasse um governo provisório no município de Santa Ma-

[129] "Prometo manter, defender e cumprir a Constituição da República, promover o bem geral do Brasil, sustentar-lhe a união, a integridade e a independência." (Parágrafo único do art. 83 da Constituição Federal de 18 de setembro de 1946).

ria. De acordo com alguns relatos, o Sr. Goulart chegou de avião a Porto Alegre, vindo de Brasília, e disse para o seu cunhado Brizola que não queria derramamento de sangue. De acordo com outras informações, o avião do presidente Goulart não pôde aterrissar em Porto Alegre. De qualquer maneira, é praticamente certo que as unidades do II Exército, de São Paulo, fizeram contato com o governador Ildo Meneghetti, do Rio Grande do Sul, e o escoltaram de volta à capital do seu Estado. O Sr. Brizola, desde então, está desaparecido. Há informações de que ele esteja no Uruguai.

a) Leslie Fry"

A Revolta no Brasil

O balanço final do golpe militar no Brasil foi elaborado pelo embaixador britânico no Rio de Janeiro num extenso relatório, intitulado "A Revolta no Brasil". O documento mereceu destaque no Foreign Office, em Londres, e chegou a ser impresso para circulação interna do governo. De acordo com Sir Leslie Fry, *"os militares estavam preparando o golpe há meses e o incidente na Marinha foi apenas a gota d'água."*[130]

"CONFIDENCIAL
ESTE DOCUMENTO É DE PROPRIEDADE DO GOVERNO DE SUA MAJESTADE BRITÂNICA
Para distribuição no Foreign Office e Whitehall
Brasil, 6 de abril de 1964

A REVOLTA NO BRASIL

De Sir Leslie Fry para Mr. R.A. Butler
(Recebido em 6 de abril)

130 FO371/173762 - AB1015/46

RESUMO

A tentativa do presidente Goulart de minar a disciplina das Forças Armadas acelerou a reação da direita, que se fortaleceu em função das tendências esquerdistas de Jango. Alguns generais vinham trocando informações há meses e os governadores de quatro importantes Estados eram tidos como hostis ao Sr. Goulart. Quando o presidente permitiu um segundo motim na Marinha, a decisão para agir foi tomada.

A revolta foi inicialmente declarada pelo governador de Minas Gerais e generais sediados no Estado. O movimento se espalhou rapidamente e não obteve nenhuma oposição mais séria. Em apenas 55 horas um presidente interino (o presidente da Câmara dos Deputados, como determina a Constituição) assumiu o governo.

Não há dúvida de que a maioria dos brasileiros sente-se aliviada com o fim da era Goulart. Contudo, reformas são necessárias. A tensão política entre esquerda e direita continua.

Rio de Janeiro, 3 de abril de 1964.

Sir,

Eu relatei numa série de mensagens o desenrolar dos acontecimentos no Brasil, entre 25 de março e 2 de abril, que culminou com a deposição do presidente Goulart. Agora tenho a honra de lhe fazer um registro cronológico mais completo dos principais acontecimentos deste período e oferecer algumas observações preliminares.

No último parágrafo do meu Comunicado 69, de 27 de março, em que comento o segundo motim na Marinha nos últimos seis meses sob influência política da esquerda, eu disse que restava saber se a reação da direita, que vinha se fortalecendo, iria levar os dois lados a um beco sem saída ou a um conflito aberto. O conflito veio muito mais rápido do que se esperava. A rapidez foi, sem dúvida, provocada pelas imprudentes tentativas do presidente Goulart de minar a disciplina das Forças Armadas, tradicionalmente as guardiãs da Constituição e da "legalidade" em geral.

O aprendiz de feiticeiro, cujos experimentos iniciais haviam sido tolerados, estava agora invocando espíritos além da sua capacidade de controle. Como se não bastasse o fato de o presidente Goulart ter permitido que os amotinados da Marinha não fossem punidos, ele próprio deixou os seus afazeres de lado para comparecer e discursar numa reunião de oficiais, onde o líder dos amotinados era o herói do momento. Essa talvez tenha sido a última gota. Para que a disciplina e a integridade das Forças Armadas fossem mantidas, uma ação enérgica teve que ser tomada.

O exato momento em que essa ação foi decidida ainda não está muito claro. Também não se sabe quem foi o seu coordenador. Dizem que teria sido o general Castelo Branco, chefe do Estado-Maior das Forças Armadas. O fato é que a revolução, terminada ontem com rapidez e sucesso, ainda é muito recente para que se conheça toda a sua história. Consta, entretanto, que alguns oficiais superiores vinham há meses se consultando sobre o que fazer caso o Sr. Goulart, de fato, viesse a tomar medidas inconstitucionais para perpetuar o seu regime.

Autoridades civis, entre as quais os governadores dos Estados da Guanabara e de São Paulo, há muito tempo, revelavam-se decepcionadas com Goulart. O governador de Minas Gerais, completando o triunvirato dos Estados líderes, acabou, mais tarde, fazendo oposição aberta ao regime. O governador do Rio Grande do Sul, mesmo sendo o mais vulnerável (e por isso mesmo mais discreto do que os outros, por causa da força de Goulart e Brizola no Estado, terra natal dos dois políticos), também estava disposto a agir contra o regime. Dependendo ainda de confirmação, fui informado de que generais de direita enviaram emissários a esses governadores e aos comandantes locais dos Estados durante o motim na Marinha, obtendo respostas favoráveis.

Por que o governador Magalhães Pinto, de Minas Gerais, foi o primeiro a tornar público o estado de revolta é apenas uma das muitas perguntas que ainda estão sem resposta. Sua reputação não é de alguém que coloque lenha na fogueira, mas de um banqueiro cauteloso. Todavia, a opinião pública de seu Estado, tradicionalmente conservador e muito católico, vinha, cada vez mais, se posicionando contra o regime de Goulart. De fato, foram as mulheres de Belo Horizonte que, em janeiro deste ano, organizaram uma impressionante demonstração de hostilidade, obrigando o Congresso Latino-Americano dos Trabalhadores — de orientação comunista e previsto para se realizar na capital mineira — a ser transferido para Brasília. Magalhães Pinto devia estar muito confiante de que contaria com esse poderoso apoio, assim que uma liderança fosse declarada, e ele é candidato a candidato, até agora não muito popular, às eleições presidenciais.

Pelos relatos até agora disponíveis, as forças revolucionárias não encontraram nenhuma oposição mais séria em momento algum, mesmo no Rio Grande do Sul, onde Brizola estava presente e parecia bastante fortalecido. Isto pode ser visto como uma evidência de que o Sr. Goulart tinha poucos adeptos e, com certeza, insuficientes para dividir o país numa guerra civil. Eu estou propenso a acreditar, entretanto, que os brasileiros são pessoas quase anormalmente pacíficas, com aversão a derramamento de sangue e sem nenhuma tendência a se defender em barricadas até a derrubada do último ho-

mem. Da declaração da revolta em Minas Gerais até a instalação do Sr. Mazzilli, presidente da Câmara dos Deputados, como presidente interino da República, foi uma questão de apenas 55 horas. O número de vítimas ainda não foi revelado, mas é improvável que tenha sido muito grande. De fato, esta é a tradição brasileira: o país ganhou a sua independência de Portugal, transformou o decorrente Império numa República e encerrou a ditadura de Getúlio Vargas com muito menos convulsão do que certamente aconteceria em qualquer outro país em situação semelhante. Mais uma vez, dentro da tradição brasileira, o Exército foi o fator decisivo.

Eu estou certo de que a maioria dos brasileiros está aliviada com o afastamento do Sr. Goulart e seu séquito, composto apenas de extremistas e oportunistas. O país, de uma maneira geral, estava cansado de sua administração vacilante e cada vez mais preocupado com sua propensão indigna por demonstrações de esquerda. No entanto, sem dúvida, existe um forte sentimento de que algumas das reformas que o presidente defendia – mas que fez muito pouco para implementá-las – deveriam ser adotadas, pois existem crescentes expectativas a serem atendidas. Não acredito que esta tenha sido a última batalha política no Brasil. Apesar de a esquerda estar agora sem líderes, é praticamente certo que em breve ela ressurgirá como uma força política.

Estou enviando cópias desta mensagem aos embaixadores de Sua Majestade em Washington e Buenos Aires."

Primeiros Dias de Castelo

Uma visão completa dos primeiros passos do governo de Castelo Branco viria um pouco mais tarde, num documento confidencial[131] de 20 de julho, assinado, mais uma vez, pelo embaixador britânico no Rio de Janeiro, Sir Leslie Fry. A seguir, a íntegra deste relatório, que foi impresso posteriormente para distribuição interna no Foreign Office:

"CONFIDENCIAL
ESTE DOCUMENTO É DE PROPRIEDADE DO GOVERNO DE SUA MAJESTADE BRITÂNICA
Para distribuição no Foreign Office e Whitehall
BRASIL, 24 de julho de 1964
OS PRIMEIROS 100 DIAS DO MARECHAL CASTELO BRANCO NA PRESIDÊNCIA
De Sir Leslie Fry para Mr. R.A. Butler
(Recebido em 24 de julho)

RESUMO

Os primeiros cem dias do marechal Castelo Branco na presidência confirmaram sua reputação de honestidade, caráter e moderação. Seus ministros militares também têm reputação de integridade. Os ministros civis são técnicos capazes, com boas qualificações, mas pouca experiência em política.

O novo regime, inevitavelmente, dirigiu suas primeiras ações contra a subversão e a corrupção da extrema-esquerda, mas a "fase repressiva" acabou logo. O governo tem um sólido apoio de civis em todos os Estados da Federação. O sistema de partidos políticos tem sido mantido em sua essência e a imprensa dá apoio geral ao regime. A atitude do povo é a de "esperar para ver". Se as crescentes expectativas populares não forem atendidas, a pressão da esquerda poderá aumentar.

[131] F0371/173764 - AB1015/85

Várias propostas de emendas à Constituição de 1946 estão sendo debatidas no Congresso. A mais significativa é a que prorroga o mandato do presidente da República até março de 1967.

Outras reformas foram aprovadas e mais algumas continuam em debate. Em geral, as medidas econômicas não têm sido muito enérgicas e a inflação continua. Apesar disso, o Brasil parece mais atraente para o capital estrangeiro. A ajuda dos Estados Unidos tem aumentado e sem dúvida outros países passarão a colaborar.

Considerando o estado de calamidade do Brasil antes da revolução e o fato de o novo regime desconhecer o que enfrentaria — apesar de saber contra o que combatia — a administração do presidente Castelo Branco não pode ser acusada de inoperante. Os novos administradores têm pela frente o problema da reforma agrária, que devem enfrentar com muita cautela, caso contrário vão afastar os colaboradores mais influentes. O governador Lacerda tem mostrado, cada vez mais, sinais de impaciência, mas o regime tem se estabelecido com firmeza.

Rio de Janeiro, 20 de julho de 1964

Os primeiros cem dias da presidência do marechal Castelo Branco terminaram ontem, 19 de julho. Meus Comunicados 26 e 36, de 16 de abril e 10 de junho, respectivamente, reportaram as ações mais significantes. Agora eu tenho a honra de submeter uma sinopse do que aconteceu de então até agora.

O marechal Castelo Branco, rapidamente, confirmou com sucesso a sua reputação de absoluta inteireza moral, constituindo exemplo que se espera seja seguido por muitos outros neste país. O fato de estar exercendo suas responsabilidades públicas com discrição e dignidade é, sem dúvida, mais um aspecto sem precedente no Brasil. Também nós devemos reconhecer a força de sua personalidade. Castelo Branco tem sido submetido a constantes pressões dos defensores de uma "linha dura" e, com exceção da cassação dos direitos políticos do Sr. Kubitschek, o presidente tem conseguido resistir. De maneira geral, sua posição tem sido de moderação e sensível tendência ao meio-termo, uma virtude não muito comum aos que chegam ao poder pela via revolucionária. Compreensivelmente, tem havido muita especulação sobre até que ponto o presidente conseguirá manter sua maneira de ser. Muitos acreditam que o homem forte no governo é o general Costa e Silva, ministro da Guerra. Ele é o único 'sobrevivente' do Comando Supremo da Revolução que permanece com cargo no governo e, certamente, suas opiniões aparentam ser predominantes entre os ministros. Costa e Silva também dá a impressão de completa honestidade, mas, ao contrário do presidente, vem cultivando a imagem de oficial bastante franco. O marechal Juarez Távora, ministro dos Transportes, é outro contemporâneo de Exército do presidente e, segundo dizem, com certa influência sobre ele, além de também ter reputação de incorruptível.

Os outros ministros são técnicos capazes, todos com boas qualificações para o cargo, mas com pouca vivência em política. Aparentam estar solidamente unidos ao presidente e não há sinais de existir dissensões entre eles; entretanto, houve um pedido de renúncia: o Sr. Oscar Thompson Filho, do Ministério da Agricultura, que foi substituído por um técnico também bastante qualificado, Professor Leme. Não fora a falta de experiência política, dificilmente uma melhor equipe poderia ser montada no Brasil.

Antes de iniciar sua ação no começo de abril, o novo regime sabia muito bem o que queria combater: comunismo, marxismo, manifestações de extrema-esquerda, tentativas de subverter as Forças Armadas, perturbações à lei e à ordem, corrupção e má administração. Inevitavelmente, portanto, os primeiros esforços do governo foram contra aqueles que de certa maneira eram condescendentes com esse tipo de comportamento. 372 pessoas tiveram seus direitos políticos cassados por dez anos. Autoridades municipais e estaduais que se opuseram à revolução foram removidas de seus cargos e numerosas prisões foram realizadas. A maioria dos sindicatos mais importantes, juntamente com a Confederação Nacional dos Trabalhadores da Indústria — a mais proeminente associação de trabalhadores — foram colocados, e ainda continuam, sob "intervenção" governamental. Logo depois da revolução, a imprensa local foi submetida a censura pelos militares, o que durou menos de duas semanas. A publicação de jornais comunistas foi interrompida. Esta "fase repressiva" da revolução terminou com a data de validade, em 14 de junho, do artigo 10 do Ato Institucional nº 1, relativo à cassação de direitos políticos. Desde então, apesar de um considerável número de pessoas ter, aparentemente, permanecido vigiadas, diminuíram as atividades policiais por motivos políticos. Não houve nenhuma execução.

Considerando a enorme dimensão do Brasil, com 75 milhões de habitantes, é extraordinário que a revolução, que mudou radicalmente a política do país, tenha causado tão poucas perturbações. A ação militar foi espantosamente rápida e muito bem-sucedida. Aparentemente não houve mortes ou perdas materiais e as atividades econômicas foram interrompidas por pouco tempo. Não houve ameaça de secessão de nenhum Estado da União e ninguém no exílio chegou a constituir ameaça ao novo regime. A lei e a ordem estão firmemente es-

tabelecidas em todo o país e as Forças Armadas permanecem unidas. Os dois partidos comunistas (pró-Rússia e pró-China) falharam em oferecer qualquer oposição e, apesar de seus líderes terem escapado à prisão, se encontram desmantelados. Um forte golpe foi dado nas atividades subversivas da União Soviética e de Cuba no país. O Brasil rompeu relações diplomáticas com Cuba. O presidente Castelo Branco tem resistido às pressões para afastar os governadores que fazem oposição ao partido de direita UDN (União Democrática Nacional), mesmo que isso signifique deixar no poder aqueles cujo patrimônio financeiro tem sido tachado de suspeito. Em conseqüência disso, o novo regime, apesar de ser, sem dúvida, predominantemente militar, tem uma sólida base de apoio civil em todos os Estados da Federação.

O sistema partidário foi mantido em sua essência, entretanto, as atitudes dos partidos irão, naturalmente, mudar em função desta nova situação. O governo está muito distante de ser controlado pelos conservadores da UDN e tem mantido relação de trabalho com os sociais-democratas (PSD), apesar do que foi feito contra o seu líder, Juscelino Kubitschek, e do seu exílio voluntário. Até mesmo o Partido Trabalhista Brasileiro (PTB), que continua a ser uma força política, sob liderança mais moderada, não faz oposição declarada.

A imprensa, de uma maneira geral, também está apoiando o regime, mas faz críticas ocasionalmente. Não há censura à imprensa ou qualquer restrição à liberdade de expressão, salvo aquela imposta pela prudência natural logo após uma revolução.

Para o brasileiro comum, passivo e sofredor, a atitude parece ser a de "esperar para ver". Não há sinais, ainda, de nenhum movimento clandestino eficaz entre os trabalhadores ou de que eles estejam mantendo, enquanto classe, al-

gum tipo de lealdade ao Sr. Goulart, equivalente ao comportamento dos trabalhadores argentinos depois da queda de Perón. Seria um erro, entretanto, supor que a atual fase de calmaria irá permanecer indefinidamente. A não ser que as crescentes expectativas por mudanças sejam atendidas, as pressões da esquerda vão certamente se armar novamente. Enquanto isso, o novo regime está tentando melhorar as condições industriais do Brasil. O governo pretende afastar as atividades sindicais da esfera política. Um novo código trabalhista foi esboçado, dando mais proteção efetiva aos trabalhadores, mas sem manter as medidas antiprodutivas da antiga Consolidação das Leis do Trabalho (CLT). Além disso, agitadores foram removidos das docas, onde as greves estavam criando graves problemas. O resultado tem sido uma visível melhora na produtividade industrial e no trato com os navios nos principais portos.

Durante o último mês, várias propostas de emendas à Constituição têm sido debatidas no Congresso. A mais importante delas, apresentada por um senador da UDN, defende a prorrogação do mandato do marechal Castelo Branco até 15 de março de 1967, data da posse de novos parlamentares. Apesar de o presidente ter, francamente, se declarado em favor de manter as eleições no final de 1965 e a posse do candidato eleito em 31 de janeiro de 1966, conforme determina a atual Constituição, a proposta de mudança foi aprovada, na primeira votação, em 17 de julho, nas duas Casas do Congresso: 205 x 94 na Câmara dos Deputados e 43 x 6 no Senado. O presidente tem demonstrado boa vontade em acatar as decisões do Congresso. Uma nova votação acontecerá esta semana (em função da aceleração do procedimento parlamentar imposta pelo Ato Institucional).

Outras emendas à Constituição, aprovadas em primeiro turno e aguardando segunda votação, propõem as seguintes mudanças: eleições conjuntas para presidente e vice-presidente da República (ao invés de separadas como atualmente, o que permitiu que Jânio Quadros e João Goulart, de partidos diferentes, fossem eleitos no mesmo pleito); validade do voto do analfabeto nas eleições municipais; permissão da candidatura de oficiais do Exército a cargos políticos, até agora impedidos de se candidatarem — sendo transferidos para a Reserva caso eleitos; perda da imunidade parlamentar dos congressistas acusados em processo criminal; e fim da isenção tributária para magistrados e jornalistas.

O Congresso também obteve autorização para dispensar até 50 mil servidores públicos. Num país com muitos funcionários virtualmente inúteis e mal pagos, esta poderia ser uma medida bastante válida, mas ainda é preciso aguardar para saber quando e com que rigor isto irá acontecer. Outra medida útil aprovada tem como objetivo um programa de construção, com ajuda dos Estados Unidos, de casas e rodovias. Isso é urgente e ajudaria a gerar empregos. Em relação à campanha contra o analfabetismo, um projeto de lei em tramitação no Congresso propõe a arrecadação entre os trabalhadores de um "imposto para a educação", de cerca de 1,3% da folha de pagamento.

A situação financeira do Brasil continua extremamente precária e requer medidas drásticas para que obtenha alguma melhora significativa. A primeira tentativa neste sentido, apresentada pelo novo regime, foi a reforma bancária. Infelizmente, entretanto, ao invés de aproveitar a oportunidade para estabelecer um Banco Central forte, o projeto de lei (ainda não aprovado) não passa da reapresentação de antigas meias-medidas, com a proliferação de organizações e indefinição de responsabilidades. Além disso, houve um excessivo aumento dos vencimentos pagos às Forças Armadas: um acréscimo de até 160% desde o primeiro dia da revolução. Esta medida não foi publicada até agora. O aumento para o servidor público, que já foi anunciado, é de 100% a partir de 1° de junho. Não há dúvidas de que o regime sentiu necessidade de oferecer esta compensação aos servidores civis e militares, de quem as autoridades esperam apoio e estimulam a integridade de sua cooperação. Mas, do ponto de vista estritamente financeiro, o Brasil simplesmente não tem recursos para pagar aumentos de salários, que custarão 610 bilhões de cruzeiros somente este ano. Deste modo, a inflação continua e o custo de vida aumenta.

O fim dos subsídios para importação de petróleo e trigo, uma medida tardia que removeu uma séria distorção na economia, contribuiu para o aumento do custo de vida e o governo tem, conseqüentemente, colocado a culpa nisso, ao invés de dar crédito para este passo corajoso. O plano do governo anterior para reprogramar a dívida externa teve andamento e um acordo, em princípio, foi obtido em reuniões multilaterais em Paris. O Brasil também tem demonstrado um pouco mais de boa vontade do que no passado para aceitar algum tipo de controle do Fundo Monetário Internacional (FMI), visando a prevenir futuras dívidas. Além disso, está em discussão projeto de lei que ameniza os termos mais rigorosos da atual Lei de Remessa de Lucros (aprovada durante o governo do presidente Goulart). Se aprovada, esta medida poderá despertar grande interesse a outros países para investir no Brasil.

Externamente, o regime tem recebido, desde o início, total apoio do governo dos Estados Unidos. A assistência ao

Brasil, com a "Aliança para o Progresso"[132], *tem aumentado muito e esta substanciosa ação americana na área social (bem diferente de sua ajuda financeira internacional) será provavelmente acrescida da participação de outros países mais dispostos a colaborar com o presidente Castelo Branco do que com o seu caótico antecessor. Não há dúvida de que alguém poderá argumentar que essa ajuda, se muito generosa e indiscriminada, diminuirá a iniciativa do Brasil em buscar sua própria salvação, mas essa é apenas uma suposição.*

Duas considerações devem ser feitas ao julgar os primeiros 100 dias do novo regime. A primeira é que o Brasil estava em estado de calamidade quando o novo governo assumiu o poder: a tarefa de colocar as coisas em seus devidos lugares tem sido formidável. A segunda consideração é que, mesmo sabendo o que eles queriam combater, os colaboradores da revolução não tinham uma idéia muito coerente sobre como iriam agir. Eles não eram um partido político de oposição, não formavam um governo paralelo e não tinham políticas definidas aguardando para serem colocadas em prática a qualquer momento. Portanto, o novo regime, para começar, precisou montar um Ministério e, em seguida, tomar conhecimento da extensão dos problemas financeiros do país, entre outros males e, finalmente, definir suas próprias políticas.

Talvez as políticas adotadas pudessem ter sido melhores, mas uma coisa é certa: não se pode acusar o governo

---

132 Num texto do Serviço de Divulgação e Relações Culturais dos Estados Unidos da América, o embaixador americano Lincoln Gordon respondeu, assim, à pergunta sobre o propósito essencial da "Aliança para o Progresso", criada pelo presidente John F. Kennedy em 1961: "Numa única frase, é um esforço continuado e cooperativo para acelerar o crescimento econômico e o progresso social em toda a América Latina, trabalhando por intermédio das instituições democráticas baseadas no respeito pelo indivíduo. Nesse esforço, (...) os Estados Unidos estão preparados para devotar montantes muito grandes de recursos públicos. *Apud* GASMAN, Lydinéa. *Documentos Históricos Brasileiros.* Rio de Janeiro, Fundação Nacional de Material Escolar (Fename) - Ministério da Educação e Cultura, 1976.

do presidente Castelo Branco de inoperante. Também não seria justo fazer críticas severas ao governo pelo fracasso, até agora, na imposição de rigorosas medidas de austeridade econômica, sugeridas como saída rápida para conter a inflação e aliviar a pobreza em todo o país. Ninguém deseja ser complacente, mas, afinal de contas, isto é o Brasil. Não seria realista esperar que o governo, no curto tempo de uma ditadura rigorosa e pouco brasileira, agisse dessa maneira. Medidas extremistas serão normalmente evitadas e o meio-termo será procurado. O fato é que talvez essa seja a melhor saída. Tenho a impressão de que o presidente Castelo Branco esteja entre os primeiros a reconhecer que o futuro do Brasil depende da introdução, sem muita demora, de reformas sócio-políticas e econômicas. Mas não existem divergências de opiniões só quanto ao tipo dessas medidas, mas também quanto ao ritmo em que elas deveriam ser adotadas. Há poderosos interesses nada dispostos a tomar este caminho reformista, associados a proeminentes colaboradores da revolução. Não há dúvida de que seja essa a razão por que nenhuma das medidas para a solução dos principais problemas tenha sido, até agora, discutida publicamente. A reforma agrária, a retomada do desenvolvimento da agricultura no Brasil e a melhoria do abastecimento de alimentos estão vinculadas a um certo custo para os grandes proprietários de terra e a um temporário desaquecimento da indústria. O presidente, certamente, deve se mover com muita cautela, caso contrário seus mais influentes colaboradores poderão se transferir para a oposição.

O governador Lacerda, devo acrescentar, retornou recentemente de uma viagem ao exterior e parece inclinado a se lançar, novamente, como o Líder da Oposição. Ele tem declarado abertamente que desaprova a proposta de prorrogação do mandato do presidente Castelo Branco e qualificou a sua votação no Congresso como um "espetáculo vergonhoso". As políticas econômicas do novo regime têm recebido, cada vez mais, fortes críticas de Lacerda: se nada melhor do que isso for feito, ele disse, "a revolução terá enganado as pessoas". Existe uma grande possibilidade de o governador romper com o seu partido, a União Democrática Nacional, e reunir em torno dele o maior número possível de dissidentes. Em relação às conseqüências de um possível aumento do mandato do presidente, informarei num futuro relatório, assim que houver a segunda votação no Congresso. Apesar do fracasso em conter a inflação e das medidas econômicas em geral, o novo regime tem-se estabelecido com firmeza, e a estabilidade no governo é pré-requisito essencial para a recuperação do Brasil.

Estou enviando cópias deste comunicado aos embaixadores de Sua Majestade em Washington e Buenos Aires.

a) Leslie Fry

O FIM DO ANO

"Apesar de não gostarmos,
assim como os americanos,
de que países latino-americanos
gastem dinheiro com armas caras,
acho que não é o caso de não
prosseguirmos com o contrato,
desde que a ogiva seja britânica.
A mudança de regime em abril foi,
sem dúvida, para melhor."

Documento do Ministério das
Relações Exteriores da Grã-Bretanha,
sobre a venda de mísseis britânicos ao Brasil
24/07/64

Passado o calor dos fatos de abril de 64, os diplomatas britânicos reduziram o volume de correspondências sobre o golpe militar no Brasil para o governo na Inglaterra, mas nem por isso deixaram de abastecer Londres com relatórios e informes detalhados.

Seguem-se os fatos mais significativos da atuação do Ministério das Relações Exteriores da Grã-Bretanha, de maio a dezembro do chamado Ano da Revolução, desde a passagem por Londres do governador do Estado da Guanabara, Carlos Lacerda, até a surpreendente negociação da venda de mísseis britânicos para as Forças Armadas do Brasil. Fica, assim, mais uma vez, exposta a sintonia da diplomacia britânica nos assuntos internos brasileiros e, sempre que possível, a defesa de bons negócios para a Sua Majestade, a Rainha.

Missão Militar Americana no Brasil

No dia 13 de maio, é enviada a tradução[131] de uma nota publicada no jornal "Correio da Manhã" sobre a aprovação, na Câmara dos Deputados, de dois projetos que ratificavam acordos com os Estados Unidos para estabelecer missões militares e navais americanas no Brasil. Estes acordos, que passaram desapercebidos pelo grande público — conta o início do texto — continham artigos que restringiam a liberdade do governo brasileiro de contratar especialistas militares de qualquer outro país. Isto só passaria a acontecer com o prévio consentimento de Washington.

Carlos Lacerda em Londres

Em junho foi a vez de Londres mandar notícias brasileiras para o Rio de Janeiro. Um relatório[134] completo deta-

[133] FO 371/173787 - 34369
[134] FO 371/173805

lhava o encontro do governador da Guanabara, Carlos Lacerda, que estava em visita oficial à Inglaterra, com o primeiro-ministro britânico, Sir Alec Douglas-Home. Durante o encontro, o político do partido conservador britânico perguntou ao governador se Cuba era realmente um perigo para a América do Sul, como se especulava. Lacerda respondeu que, de alguma maneira, Fidel Castro era um perigo, mas era mais um símbolo do que uma verdadeira ameaça. *"O seu discurso inicial era de libertação das influências estrangeiras e de combate à corrupção. Entretanto, quando ficou claro que ele era comunista e que havia omitido esse fato, o mito foi abalado e, conseqüentemente, perdeu grande parte de seu prestígio."* Mesmo assim, segue a transcrição da fala de Lacerda, *"o líder cubano era visto como modelo por qualquer revolucionário em pequenos países da América Central".*

Sir Alec Douglas-Home perguntou, então, se os comunistas estavam causando problemas no Brasil, talvez canalizando recursos financeiros para o país por intermédio de Fidel Castro. Lacerda teria dito que os comunistas não contavam com apoio suficiente para chegar ao poder e que por causa de suas influências no Brasil o presidente João Goulart havia sido retirado do cargo. Em resposta a esse documento, o embaixador britânico no Rio de Janeiro, Leslie Fry, agradeceu imensamente a atenção dedicada ao governador brasileiro durante sua estada em Londres e escreveu o seguinte:

"Tenho certeza que as cortesias incomuns estendidas a Lacerda pelo primeiro-ministro, pelo secretário do Exterior e pelo prefeito de Londres tiveram um efeito considerável neste que é, de alguma maneira, um homem emotivo. Qual o retorno que devemos receber desse investimento é o que ainda precisa ser visto. Com Kubitschek fora do caminho, as chances de Lacerda para a presidência são, agora, ainda

bem maiores; mas ainda é muito cedo para especular com sucesso se haverá ou não eleições em 1965 e, caso ocorram, se o atual regime tentará manter políticos profissionais, como Lacerda, fora delas."[135]

Carlos Lacerda no Brasil

Em agosto, o governador Carlos Lacerda volta a ser assunto nas correspondências diplomáticas. Um relatório[136] do dia 5, da embaixada britânica no Rio, informava que Lacerda havia publicado uma série de cartas e comunicados à imprensa, de alguma forma petulantes, criticando o *"fracasso da revolução"*. De acordo com o documento, o governador foi particularmente veemente sobre a proposta de prolongamento do mandato presidencial, o que, na opinião de Lacerda, havia sido planejado especificamente para evitar sua eleição para a presidência em 1965. O governador teria dito, também, que a revolução, há quatro meses no poder, não tinha nada para mostrar, a não ser desemprego, inflação e recessão. Planejamento era uma *"ficção científica"* e as estatísticas só serviam para desviar a atenção, acreditava Lacerda.

Outro relatório[137], de seis páginas, do dia 18 de agosto, traz os movimentos do governador com mais detalhes, sua posição dentro do partido, a UDN - União Democrática Nacional, seus anseios no panorama político-eleitoral e sua grita geral na imprensa. O documento termina relatando um encontro de Carlos Lacerda com o presidente Castelo Branco, em 15 de agosto.

De acordo com o texto, assinado pelo embaixador Leslie Fry, que havia obtido essas informações de fontes se-

[135] FO 371/173805 - AB1635/6
[136] FO 371/173764 - 34214 - AB1015/89
[137] FO 371/173764 - 34214 - AB1015/91

guras e não reveladas, *"o presidente teria lembrado ao governador que ele não era mais um jornalista político, com liberdade para castigar a todos em geral."* Castelo Branco teria, então, recomendado ao governador concentrar-se na sua *"excelente administração no estado da Guanabara"* por mais dois anos, onde receberia ajuda do governo federal, e quando as eleições fossem realizadas Lacerda teria todas as chances de receber apoio.

Depois do encontro, o presidente teria confidenciado a um de seus assessores mais próximos que numa guerra há espaço para o exército oficial e para forças não oficiais e que o governador poderia ser uma força não oficial extremamente útil. O documento informa que Lacerda teria diminuído o volume e o tom de suas críticas, mas, para o embaixador britânico, *"o governador não era do tipo que ficaria quieto por muito tempo."*

Um mês depois, mensagem[138] da embaixada britânica no Rio confirma a suspensão dos ataques do governador Carlos Lacerda e comenta a sua presença em lugar de destaque no palanque presidencial, durante a parada militar de Sete de Setembro, ao lado do presidente Castelo Branco. De acordo com o documento, esta teria sido a primeira vez em anos que um governador do Estado da Guanabara recebia tão honrosa deferência.

João Goulart no Exílio

Os dez anos da morte do ex-presidente Getúlio Vargas — que se suicidou em 24 de agosto de 1954 no palácio do Catete, no Rio de Janeiro — foram lembrados com a publicação de um manifesto numa revista de esquerda em Montevi-

---

[138] FO 371/173764 - 34214 - AB1015/95

déu, no Uruguai. Quem assina o texto é João Goulart, que conclama a população brasileira a *"restaurar a legalidade democrática, o poder civil e as instituições republicanas"*. A informação está numa correspondência diplomática do Rio para Londres, do início de setembro, que diz, ainda, que o manifesto teria sido lido na íntegra, durante uma sessão na Câmara dos Deputados, por Doutel de Andrade, líder do PTB - Partido Trabalhista Brasileiro. A leitura esquentou o clima na Câmara, provocou debates calorosos e fez com que o ministro da Guerra, general Costa e Silva, falasse em cassar o mandato do deputado Doutel de Andrade. Enquanto isso, informa o documento britânico, *"o Conselho Nacional do Governo do Uruguai advertiu os brasileiros no exílio, especificamente o ex-presidente João Goulart, pela violação do direito de asilo político ao publicar documento considerado subversivo pelo governo brasileiro."*

Essa correspondência diplomática registra, ainda, *"a prisão de doze pessoas no Rio Grande do Sul acusadas de envolvimento numa conspiração terrorista, que estaria sendo instigada por Leonel Brizola, para instalar bombas em vários pontos da cidade de Porto Alegre."* As Forças Armadas estariam apertando o cerco em todo o estado. Leonel Brizola era, também, acusado de estar por trás de agitações de camponeses na cidade de Cascavel, no oeste do Estado do Paraná.

Bocaiúva Cunha no Exílio

Um relatório do dia 3 de setembro contém a transcrição de uma conversa do diplomata inglês, C. M. James, com Bocaiúva Cunha, ex-líder do PTB e ex-editor do jornal "Última Hora", que havia conseguido asilo político na embaixada da Iugoslávia depois de ser preso durante o golpe militar. Bocaiúva teria criticado Goulart, a quem se referiu como um "camponês, ainda obcecado pela memória de Getúlio Vargas", e declarado que havia passado a apoiar o presidente Castelo Branco porque considerava, "depois de muita reflexão, que as mudanças sociais desejadas pelos intelectuais de esquerda só poderiam vir pela direita".

Durante a conversa, Bocaiúva teria afirmado que a CIA, Agência Central de Inteligência dos Estados Unidos, estava por trás do golpe de estado brasileiro. O diplomata britânico expressou suas dúvidas e disse que a maioria dos militantes da esquerda no Brasil tinham uma obsessão contra os americanos e viam a sua participação em tudo. Bocaiúva acabou impressionando o diplomata, deixando-o com a pulga atrás da orelha, tal o nível de detalhamento da tese sobre a interferência americana. O brasileiro teria dito que os americanos tinham uma espécie de organização especializada em golpe de estado e que estaria, naquele momento, se instalando no Chile onde, certamente, bloquearia o acesso de Salvador Allende[139] ao poder. Para Bocaiúva, de acordo com o documento, se Allende vencesse as eleições haveria um golpe de estado para tirá-lo do poder.

De Gaulle no Brasil

No dia 19 de outubro, a embaixada britânica no Rio enviou um amplo relatório[140] sobre a visita oficial de quatro dias do presidente francês, general Charles de Gaulle[141], ao

---

[139] Depois de tentar a aplicação de uma política socialista no Chile, Salvador Allende, eleito presidente do Chile em 1970, foi deposto e morto três anos mais tarde por um golpe de estado militar, liderado pelo general Augusto Pinochet Ugarte, com apoio dos Estados Unidos.

[140] FO 371/173809 - AB16311/1

[141] Charles de Gaulle, (1890-1970), político e militar francês, primeiro presidente da V República francesa (1959-1969). No começo da II Guerra Mundial obteve a patente de general-de-brigada. Após a queda da França nas mãos de Hitler, escapou para Londres em junho de 1940, onde anunciou a formação de um comitê nacional francês no exílio. Como seu presidente, De Gaulle comandou as tropas francesas

Brasil, última escala de uma viagem por dez países na América Latina. O documento enfatiza *"o interesse do general francês em convencer o presidente brasileiro das vantagens de se estabelecer uma Terceira Força, sob sua influência política, o que poderia refrear os dois blocos dominantes (Estados Unidos e União Soviética) e ajudar a evitar um desastre universal."* O presidente Castelo Branco, depois de escutá-lo atentamente, teria reafirmado a posição brasileira de apoio à comunidade pan-americana. O principal objetivo da viagem do general De Gaulle pela América Latina — buscar apoio para a França diante das diferenças com os Estados Unidos, como foi apontado pela maioria dos jornais brasileiros — não teria sido atingido no Brasil.

Mísseis Seacat

"Pelo que tudo indica, o Exército brasileiro não perderá tão cedo sua posição dominante e, portanto, eu reverteria, agora, para a proposta de que deveríamos fazer alguma coisa para fortalecer a nossa, de alguma forma, tênue associação com os generais brasileiros e seus comandados. Isto não só seria politicamente útil, mas poderia ser comercialmente vantajoso também".

---

que lutavam com os exércitos aliados, assim como as que participavam da resistência na França ocupada. Em novembro de 1945, após a libertação da França pelos aliados, foi eleito pela Assembléia Constituinte, de forma unânime, presidente do governo provisório. Dois meses depois renunciou. Em maio de 1958 a França enfrentava a ameaça de uma guerra civil pela questão da independência da Argélia. De Gaulle foi chamado para constituir um novo governo e em 1959 foi eleito presidente da recém-criada V República. Realizou reformas econômicas, industriais e governamentais, negociou a independência argelina e conduziu a França para a Comunidade Econômica Européia. Tentou estender a influência francesa na Ásia e na América Latina, no âmbito cultural e militar, enquanto se mostrava ofendido com os Estados Unidos. Em 1969 renunciou ao cargo.

A afirmação é do embaixador Leslie Fry, em correspondência[142] de 26 de outubro, que sugere incluir nas negociações de venda para o Brasil de mísseis britânicos SEACAT[143] — que estavam em andamento desde junho de 1963 — também os mísseis TIGER CAT, a versão terrestre da mesma arma. O momento era oportuno, segundo o embaixador, uma vez que uma frota naval da Grã-Bretanha estaria visitando o Brasil em novembro, onde faria demonstrações de material bélico. Em função da dificuldade de organizar uma grande exibição do armamento britânico, Leslie Fry sugere, também, que o seu governo convide alguns oficiais brasileiros para conhecerem de perto outros aparatos militares, como armas antitanques, mísseis e carros de combate com armamento leve.

O próprio embaixador havia comentado numa correspondência[144], de 21 de julho de 64, que de uma certa maneira era difícil justificar uma despesa dessa como *"essencial num país como o Brasil, em face da situação política e econômica."* Entretanto, segundo Leslie Fry, *"o custo total"*, sem citar cifras, *"não era de maneira alguma extravagante."* Os recursos para cobrir a compra do Seacat, de acordo com o embaixador, já haviam sido alocados.

Um documento[145] do Ministério das Relações Exteriores da Grã-Bretanha, de três dias depois, comenta as negociações sobre a venda de mísseis para o Governo brasileiro e reforça o estado precário da situação financeira do Brasil: *"economia arrasada, com reservas internacionais em baixa e na*

---

[142] FO 371/173786 - 34249 - AB1192/3

[143] Informações detalhadas sobre cerca de 300 dos 650 sistemas de mísseis produzidos no mundo estão no banco de dados *Missile.index*, baseado no livro *"The illustrated Encyclopedia of World's Missile Systems", do japonês Hajime Ozu*, e disponível na internet:
http://www.index.ne.jp/missile_e/

[144] FO 371/173787 - 34369 - AB1193/4

[145] FO 371/173787 - 34369 - AB1193/2

iminência de receber assistência internacional para refinanciamento da enorme dívida externa". O documento diz ainda:

"Apesar de não gostarmos, assim como os americanos, de que países latino-americanos gastem dinheiro com armas caras, acho que não é o caso de não prosseguirmos com o contrato, desde que a ogiva seja britânica. A mudança de regime em abril foi, sem dúvida, para melhor."

Crise em Goiás

Em novembro de 64, o assunto de maior destaque registrado em correspondências para o governo britânico foram os conflitos no Estado de Goiás. O cerne da questão estaria na participação de militantes de esquerda e servidores considerados comunistas na administração estadual. O governador de Goiás, Mauro Borges, de acordo com um relatório[146] de 25 de novembro, *"teria permitido essa infiltração durante a sua fase nacionalista, de 1961 a 1962."* A maioria havia sido afastada do cargo em 1962, relata o documento britânico, e *"a polícia estadual teria tido uma ação vigorosa contra uma possível escola de treinamento de guerrilha, próximo de Dianápolis, no norte de Goiás, que seria financiada com dinheiro cubano e coordenada pela Liga Camponesa, organização do líder Francisco Julião."* O representante local da Liga, de acordo com o documento, era Tarzan de Castro, que fazia parte da equipe pessoal do governador Mauro Borges. Depois da revolução, que recebera apoio do governador, cerca de 300 funcionários foram afastados de seus cargos, mas opositores de Mauro Borges alegavam que muitos elementos subversivos ainda permaneciam infiltrados na administração estadual. A situação se complica: o exército envia tropas para Goiás, o governador apela ao Supremo Tribunal Federal para impedir a

[146] FO 371/173764 - 34214 - AB1015/100

sua prisão e o presidente Castelo Branco rebate a agitação com duras críticas, informa o texto assinado por D.H. Clibborn.

Aviões Britânicos

A última correspondência diplomática do ano de 1964 é de 29 de dezembro e trata dos últimos acertos de uma longa negociação para substituição de aeronaves civis e militares no Brasil. Duas companhias britânicas, Handley Page e Hawker Siddeley, disputavam com grande interesse uma fatia do espaço aéreo brasileiro. O plano do governo brasileiro era substituir 80 aeronaves DC 3 por novos modelos militares, além de aeronaves civis para as companhias aéreas. O Brasil não queria apenas comprar novos aviões, mas estava de olho na tecnologia britânica para instalar no país fábricas para produzir tais aeronaves. Para isso, buscava assistência técnica e financeira e o suprimento inicial de componentes para montagem das primeiras peças. Este projeto recebeu grande destaque nos jornais britânicos em função da dimensão do negócio e da possibilidade de criação de um monopólio britânico nas vendas de aeronaves no Brasil. O país era visto, também, como a melhor entrada para um possível domínio do mercado na América do Sul.

◆◆◆

Foi e continua sendo. História que segue.

CONFIDENTIAL - GUARD

FROM RIO DE JANEIRO TO FOREIGN OFFICE

AB1193/3

Cypher/OTP DEPARTMENTAL DISTRIBUTIO

Sir L. Fry
No. 195
July 17, 1964.

D. 5.11 p.m. July 17, 1964.
R. 9.47 p.m. July 17, 1964.

PRIORITY
CONFIDENTIAL

AB1193/2

My telegram No. 193. Please pass following from Services Attaché to M.O.D. (DNI) and AVMIN I.B.L2 (c).

GUARD

Brazilian Navy instructing Naval Commission to have contract ready for signature in Washington on July 30.

2. Contract covers:

(a) Immediate purchase of one each director GW-MK20, guidance transmitter and spares pack up, launcher and variable panel, embarked test equipment, depot test equipment, set of drawings and plans. To be covered by 400,000 dollars already ear-marked.

(b) Option on the purchase of two further sets as at (a) in 1965 plus 60 missiles. Intention to pay one million dollars in January 1965 and the balance during the year.

(c) Intention to purchase total of 200 missiles and further sets later, for fitting in ships other than aircraft carriers.

(d) Proviso for local manufacture components as already discussed.

3. Shorts agent Rio de Janeiro, advising firm by air letter, but in view of postal strike, please inform the firm as above so that representative may be sent to Washington for final discussion and signature of contract on July 30.

4. Urgency is essential since Americans are likely to press

/alternatives

CONFIDENTIAL - GUARD

CONFIDENTIAL - GUARD

Rio de Janeiro telegram No.195 to Foreign Office

\- 2 -

alternatives to Director General of armaments when he is their official guest on July 30 and July 31.

5. Report and copy of Brazilian Navy letter to Shorts follows by bag.

[Copies sent to M.O.D. (Navy), Ministry of Aviation]

DISTRIBUTED TO:-
American Department
Economic Relations Department
General Department

CONFIDENTIAL - GUARD

EEEEE

Negociações para a venda de mísseis britânicos ao Governo brasileiro

SECRET

-1 APR 1964

AB1015/36

BY AIR BAG

(1028/64)

BRITISH EMBASSY,
WASHINGTON, D.C.

March 24, 1964.

Dear Patricia,

I enclose a copy of a report on Brazil dated March 21 which was included in the C.I.A. daily Intelligence Summary.

2. The D.I.A. Summary for March 19 contained the following passage on Goulart's attitude towards the military:-

"The military ministers attended the 13 March rally, and the armed forces were very much in evidence throughout Goulart's ultranationalist and provocative oration. There is, however, no clear indication of their attitude toward recent events. Goulart is openly playing up to the NCO's, but the majority of the officers are constitutionalists and unlikely to support the president if he goes so far as to close Congress or sponsor a national strike. (SECRET)"

3. The C.I.A. report has been passed to us under the usual security conditions and may not be discussed with any other agency of the U.S. Government without C.I.A.'s permission.

Yours sincerely,

Iain.

(I.J.M. Sutherland)

P.S. I also enclose a note from the D.I.A. Summary for March 25.

Miss P.M. Hutchinson,
American Department,
Foreign Office.

SECRET

A embaixada britânica em Washington, que tinha acesso especial às informações da CIA, as transmitiu neste documento secreto para o Foreign Office, em Londres, no dia 24 de março.

BRITISH EMBASSY,

RIO DE JANEIRO.

CONFIDENTIAL

THE REVOLT IN BRAZIL

SECRET

Washington telegram No. 1214 to Foreign Office

\- 2 -

The Communist dominated Labour Federation called a general strike to begin at midnight last night, and air and

FROM RIO DE JANEIRO TO FOREIGN OFFICE

AB1015/32

En Clair

FOREIGN OFFICE AND WHITEHALL DISTRIBUTION

Sir L. Fry

No. 78
April, 1, 1964

D. 11.20 a.m. April 1, 1964
R. 5.39 p.m. April 1, 1964

IMMEDIATE

The situation is tense and unconfirmed reports are coming in of troop movements near Rio de Janeiro. I have not heard, however, of any incident involving a British subject, and think that if one occurs it will almost certainly be accidental.

FROM RIO DE JANEIRO TO FOREIGN OFFICE

4

En Clair
Sir L. Fry
No. 77
April 1, 1964

FOREIGN OFFICE AND WHITEHALL DISTRIBUTION

D. 11.00 a.m. April 1, 1964
R. 5.55 p.m. April 1, 1964

AB1015/30

AB 1015/3

IMMEDIATE

Addressed to Foreign Office telegram No. 77 of April 1
Repeated for information to Washington and Buenos Aires.

My telegram No. 73.

Yesterday afternoon, March 31, Governor Magalhaes Pinto of Minas Gerais State, supported by the General commanding the military forces in that State and most of Goias, which surrounds Brasilia, declared themselves in revolt against President Goulart.

Addressed to Foreign Office telegram No. 84 of April 1.
Repeated for information to Washington
Buenos Aires
Montevideo

My telegram No. 83 (not to all).

I now hear from a good source that Senhor Goulart has flown to Montevideo, from learning en route to Porto Alegro, that a rising there in his favour, led by his brother-in-law Leonel Brizola, had failed.

No calor dos acontecimentos, muitas mensagens e relatos confidenciais (acima, trechos) foram enviados pela embaixada inglesa no Brasil ao Governo Britânico

THE GUARDIAN

Manchester Thursday April 2 1964

Victory for Brazilian rebel forces

President Goulart leaving the country

From ARTHUR HOPCRAFT

Rio de Janeiro, April 1

Joao Goulart, the President of Brazil, has resigned in the face of a military coup. His three years' reign, in which his principal support has come from the political far Left, ended in a sudden capitulation in his palace here in Rio as troops under General Amauri Kruel entered the city. Goulart has left Rio, but it is not known whether he is still in Brazil. It is rumoured that he was flying to Bolivia.

Manchester Friday April 3 1964

Goulart goes into exile: danger of guerrilla war

From ARTHUR HOPCRAFT

Rio de Janeiro, April 2

The ex-President of Brazil, Senhor Joao Goulart, this afternoon gave up his attempt to make the south coastal town of Porto Alegre a centre of resistance and flew into exile in Uruguay.

Without him his supporters can hardly hold out for long and the immediate pockets of resistance against the "rebel" movement are bound to collapse. Indeed soon after President Goulart left the country, troops in Brasilia which had previously been loyal to him, transferred their allegiance to the new regime.

'Good wishes' from President

Washington, April 2

President Johnson tonight sent a letter of "warmest good

THE TIMES WEDNESDAY APRIL 1 1964

BRAZILIAN PRESIDENT ACCUSES FOREIGN COMPANIES

From Our Latin America Correspondent NEW YORK, MARCH 31

President Goulart has defiantly warned the people of Brazil that he will not abandon or modify his programme of constitutional reform, and has alleged that the growing opposition to his political parties (including the Brazilia Communist Party), and broadening of th authority of the presidency.

In his television address Senhor Goula declared that the people were behind hi in his campaign for reforms. "No one ca

THE TIMES SATURDAY APRIL 4 1964

CALM RETURNS TO BRAZIL

ARMED FORCES IN FULL CONTROL

COMMUNIST CHINESE SEIZED BY POLICE

From Our Latin America Correspondent

RIO DE JANEIRO, APRIL 3

The people of Brazil, after a night of jubilant celebration at the successful overthrow of a President who turned out to be a good deal less popular than he and many others had supposed, returned to their normal lives today. They did so with confidence that the leaders of the armed forces had firm control over all parts of the country and that the politicians were working swiftly to bring constitutional order out of the political chaos of the past two weeks.

Repercussões do golpe nos principais jornais ingleses

THE GUARDIAN

Manchester Saturday April 4 1964

Brazilian prisons filling up

From ARTHUR HOPCRAFT

Rio de Janeiro, April 3

The number of ex-President Goulart's political supporters under lock and key is mounting steadily. Arrests are reported from all parts of the country and if the graves of this noisy, tearful, and wordy rebellion will be few, the prisons are going to be crammed.

The most spectacular of recent captures are those of Candido Aragao of the Marines, known with what was once affection and is now derision as the "people's admiral" and of Marshal Osvino Alves, the president of the State oil company whose nickname was "the red marshal."

SENHOR GOULART GOES INTO EXILE

REFUGE CAPTURED BY ARMY

NEW BRAZIL REGIME IN CONTROL

PORTO ALEGRE, BRAZIL, APRIL 2

Senhor Joao Goulart, the ousted President of Brazil, left Porto Alegre by air today for exile. Fifteen people went with him. It was not known immediately whether their destination was Uruguay or Paraguay.

Senhor Sereno Chaise, the mayor of Porto Alegre, a devoted follower of Senhor Goulart and of his powerful brother-in-law, Senhor Leonel Brizola, announced the departure of the President by radio. He said the President wanted to avoid bloodshed.

Earlier in the day Senhor Goulart had insisted that he was still the legal President although Senhor Mazzilli, the president of the Brazilian Congress, had taken the oath of office in Brasilia, the capital.

Senhor Goulart had flown to Porto Alegre from Brasilia. His wife and children were reported to have gone to his estate near the Argentine border.

THE TIMES FRIDAY APRIL 3 1964

THE TIMES TUESDAY APRIL 7 19

CHOOSING BRAZIL'S NEW PRESIDENT

GEN. BRANCO READY TO SERVE

FROM OUR LATIN AMERICA CORRESPONDENT

RIO DE JANEIRO, APRIL 6

The Brazilian Congress reassembled in Brasilia today to begin the process of electing a new President to rule the country for the next 20 months. Some legal intricacies have first to be dealt with, which may take a day or two; after which, if there are no last-minute surprises, the Congress is expected to choose General Castelo Branco to be President while popular elections are held and until his successor assumes office early in 1966.

Last night, General Branco said he would be prepared to serve, provided that he received Congressional support. The General also referred to the increasingly

THE GUARDIAN

Manchester Wednesday April 1 1964

Troops rebel in Brazil

Rio de Janeiro, March 31.

Federal troops garrisoned in the State of Minas Gerais, the second largest in Brazil, are reported to have rebelled against the Central Government tonight. The State Government, it is reported, also declared itself in revolt.

While these announcements were being made by various military sources, a War Ministry communiqué said that "complete and utter calm reigns throughout the country," and denied "alarmist reports which have disturbed some States during the past days."

THE TIMES SATURDAY APRIL 4 1964

THE RELUCTANT PRESIDENT WHO TAKES OVER IN BRAZIL

From Our Latin America Correspondent

The man who has been sworn in as the new President of Brazil, Senhor Ranieri Mazzilli, is a self-effacing politician who has once before served as acting chief executive during a period of national emergency. He made plain then that he did not relish the job, and as an old friend and supporter of Senhor Goulart he was no more enthusiastic on Wednesday when the office was once more thrust upon him.

THE TIMES THURSDAY APRIL 2 1964

PRESIDENT OF BRAZIL FORCED TO RESIGN

ARMY LEADERS APPOINT SUCCESSOR

ALMOST BLOODLESS COUP

From a Special Correspondent—RIO DE JANEIRO, APRIL 1

An anti-communist revolt by the military and most of Brazil's state governors defeated and deposed President Joao Goulart's left-wing Government today. Victory was announced by Senhor Carlos Lacerda, the Governor of Guanabara, of which Rio de Janeiro is the capital.

President Goulart is reported to have fled from Rio earlier in the day as troops of the city's garrison joined the revolt against him. He then left his [illegible] palace and went to Galeao air base near the international airport, where he flew, bound for the country's capital of Brasilia, where congressmen threatened to impeach him. Senhor Lacerda said the President planned to continue his flight to Europe.

A pro-Goulart officer and a woman bystander, watching events in the coast artillery headquarters from a corner across the street were wounded.

A clash had been reported earlier today between left-wing and democratic students in Recife. About 50 shots were fired and one student was reported killed.

In Rio the police are worried about a group of marines in plain clothes and sailors carrying guns who have been racing through the streets crying "civil war!" Several shots have been fired and some people wounded. Rocks were thrown at the windows of the military Club.

THE TIMES THURSDAY APRIL 2 1964

Repercussões do golpe nos principais jornais ingleses. Na primeira foto, o governador Carlos Lacerda, após anunciar a saída de Jango da capital; na outra foto, soldados em frente ao palácio presidencial.

Bibliografia

ALVIM, Tereza Cesario. *O Golpe de 64: A Imprensa Disse Não.* Rio de Janeiro, Civilização Brasileira, 1979.

AVELAR, Hélio de Alcântara. *História Administrativa e Econômica do Brasil.* Fundação Nacional de Material Escolar (Fename) - Ministério da Educação e Cultura, 2ª edição, 1971.

BANDEIRA, Moniz. *Brizola e o Trabalhismo.* Rio de Janeiro, Civilização Brasileira, 1979.

BIAL, Pedro e CASTELO BRANCO, Renné. *Leste Europeu - A Revolução ao Vivo.* Rio de Janeiro, Objetiva, 1990.

CALDEIRA, Jorge, CARVALHO, Flávio de, MARCONDES, Claudio, e PAULA, Sérgio Goes de. *Viagem pela História do Brasil.* São Paulo, Companhia das Letras, 1997.

CASTRO, Therezinha de. *História Documental do Brasil.* Rio de Janeiro, Record, 1968.

DIMAS FILHO, Nelson. *Jornal do Commercio - A Notícia Dia a Dia - 1827/1987.* Rio de Janeiro, Jornal do Commercio, 1987.

ENCICLOPÉDIA BARSA. Rio de Janeiro, Encyclopaedia Britannica Editores, 1964. Vol. 10.

GASMAN, Lydinéa. *Documentos Históricos Brasileiros.* Rio de Janeiro, Fundação Nacional de Material Escolar (Fename) - Ministério da Educação e Cultura, 1976.

MORAES NETO, Geneton. *Dossiê Brasil - As Histórias por Trás da História Recente do País.* Rio de Janeiro, Objetiva, 1997.

RIBEIRO, Darcy. *Aos Trancos e Barrancos - Como o Brasil Deu no Que Deu.* Rio de Janeiro, Guanabara, 1985.

RIBEIRO, José Augusto. *Manual da Constituinte para o Cidadão - de Tiradentes a Tancredo (uma história não oficial das constituições do Brasil).* Rio de Janeiro, Semente, 1987.

RÓNAI, Paulo. *Dicionário Francês-Português / Português-Francês.* Rio de Janeiro, Nova Fronteira, 1989.

RÓNAI, Paulo. *Não Perca o Seu Latim.* Rio de Janeiro, Nova Fronteira,1980.

SILVA, Evandro Lins e. *O Salão dos Passos Perdidos - Depoimento ao CPDOC* (Entrevista e notas: Marly Motta e Verena Alberti. Edição de texto: Dora Rocha) Rio de Janeiro, Nova Fronteira, 1997.

PARA SABER MAIS

INTERNET:

http://www.itaipu.gov.br
Informações gerais sobre a Hidrelétrica de Itaipu.
http://www.pdt.org.br/golpe.htm
http://www.pdt.org.br/jgperf.htm
Site do Partido Democrata Trabalhista - PDT onde estão disponíveis o texto do senador Darcy Ribeiro sobre o Golpe de 64 e a mensagem sobre Reforma Agrária enviada ao Congresso Nacional pelo presidente João Goulart em 15 de março de 1964.
http://www.oas.org/EN/PINFO/OAS/oas.htm
Site da OEA - Organização dos Estados Americanos.
http://www.pcb.org.br/
Site do PCB - Partido Comunista Brasileiro.
http://www.pcdob.org.br/principal.htm
Site do Partido Comunista do Brasil.
http://www.une.org.br/
Site sobre os 60 anos da União Nacional dos Estudantes - Une.
http://www.france.diplomatie.fr/q_orsay/index.html
Site do *Quai d'Orsay*, Ministério das Relações Exteriores da França.
http://www.geocities.com/CapitolHill/3038/
Site dedicado à história recente do Brasil, analisando em detalhes os mais diversos aspectos do regime instaurado em 1964 pelos militares.
http://www.index.ne.jp/missile_e/
Banco de dados sobre a produção de mísseis no mundo.

CD - ROM:

Almanaque Abril 1997
Texto sobre o "Regime Militar de 1964", com filmete sobre a morte de Getúlio Vargas, fotografias de João Goulart, Jânio Quadros, General Castelo Branco, manifestantes e militares, além da íntegra de documentos, como os atos institucionais nº 1 e nº 5, de 9/4/64 e 13/12/68, respectivamente.
Enciclopédia Encarta 99 - Microsoft
Texto sobre movimento militar de 1964 com links para pequenas biografias dos ex-presidentes João Goulart e Castelo Branco.

Este livro, da Mauad Editora,
foi composto em Times New Roman,
e impresso em papel ofsete 75g ,
na Gráfica Lidador